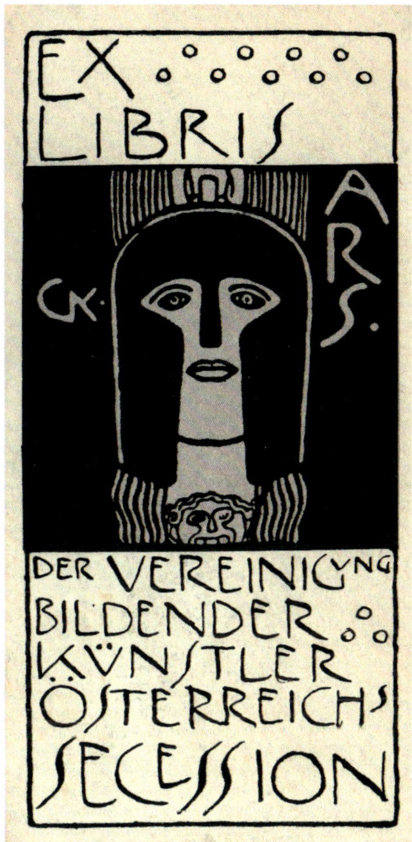
EX
LIBRIS
ARS.
G.K.
DER VEREINIGUNG
BILDENDER
KÜNSTLER
ÖSTERREICH'S
SECESSION

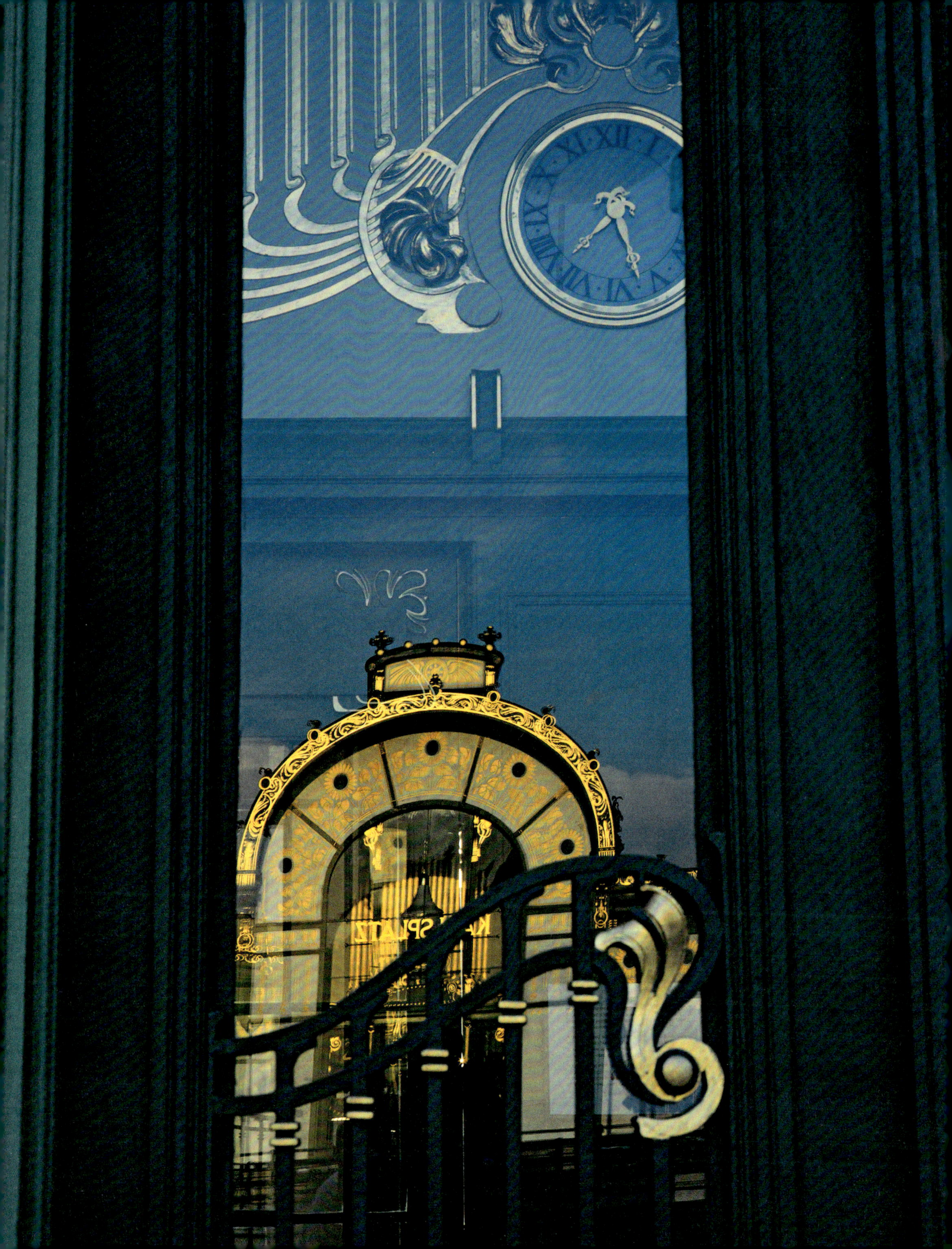

Rainer Metzger (éd.)
Daniela Gregori
Maik Novotny
Thomas Trenkler

Vienne 1900

TASCHEN

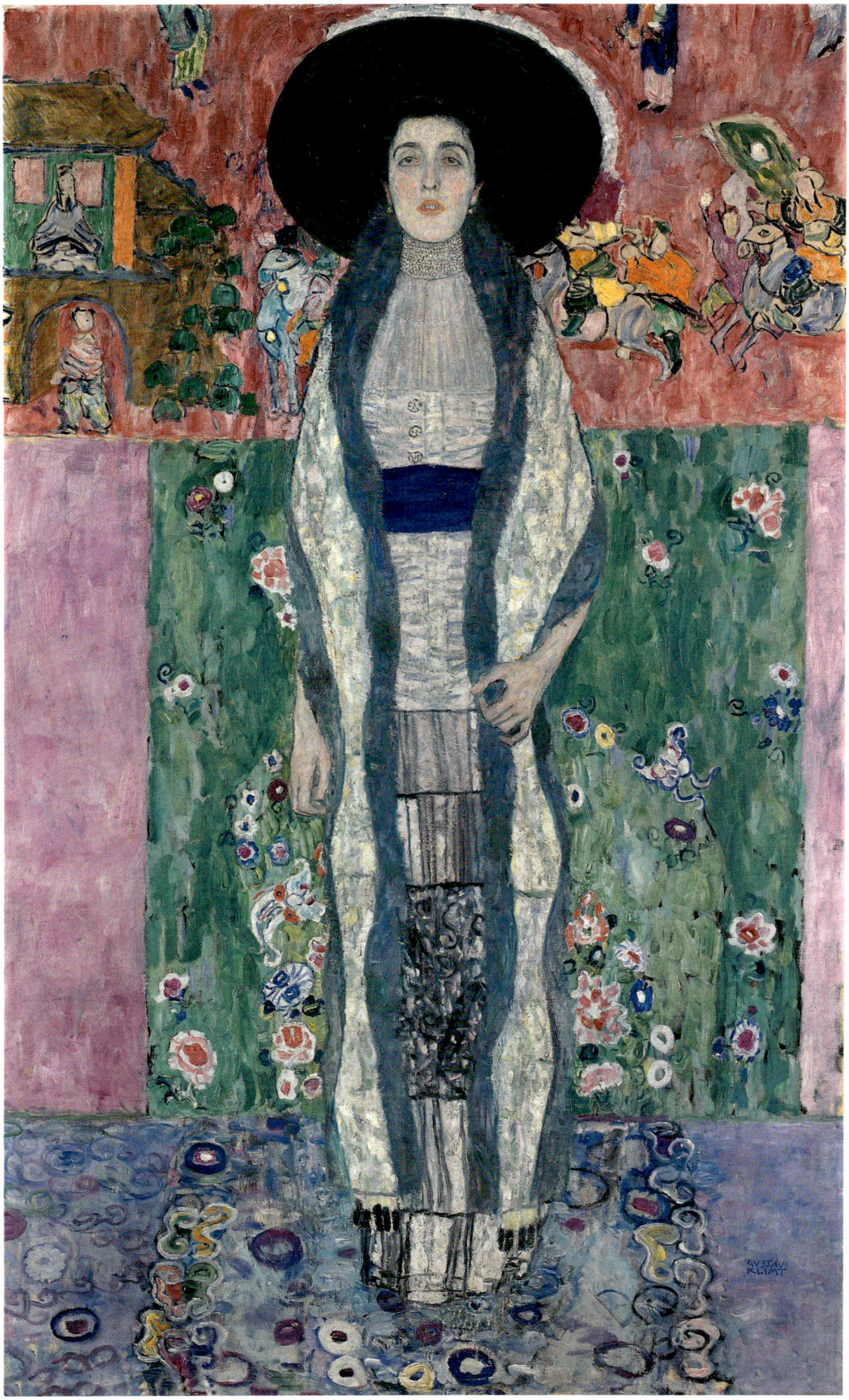
GVSTAV
KLIMT

Sommaire

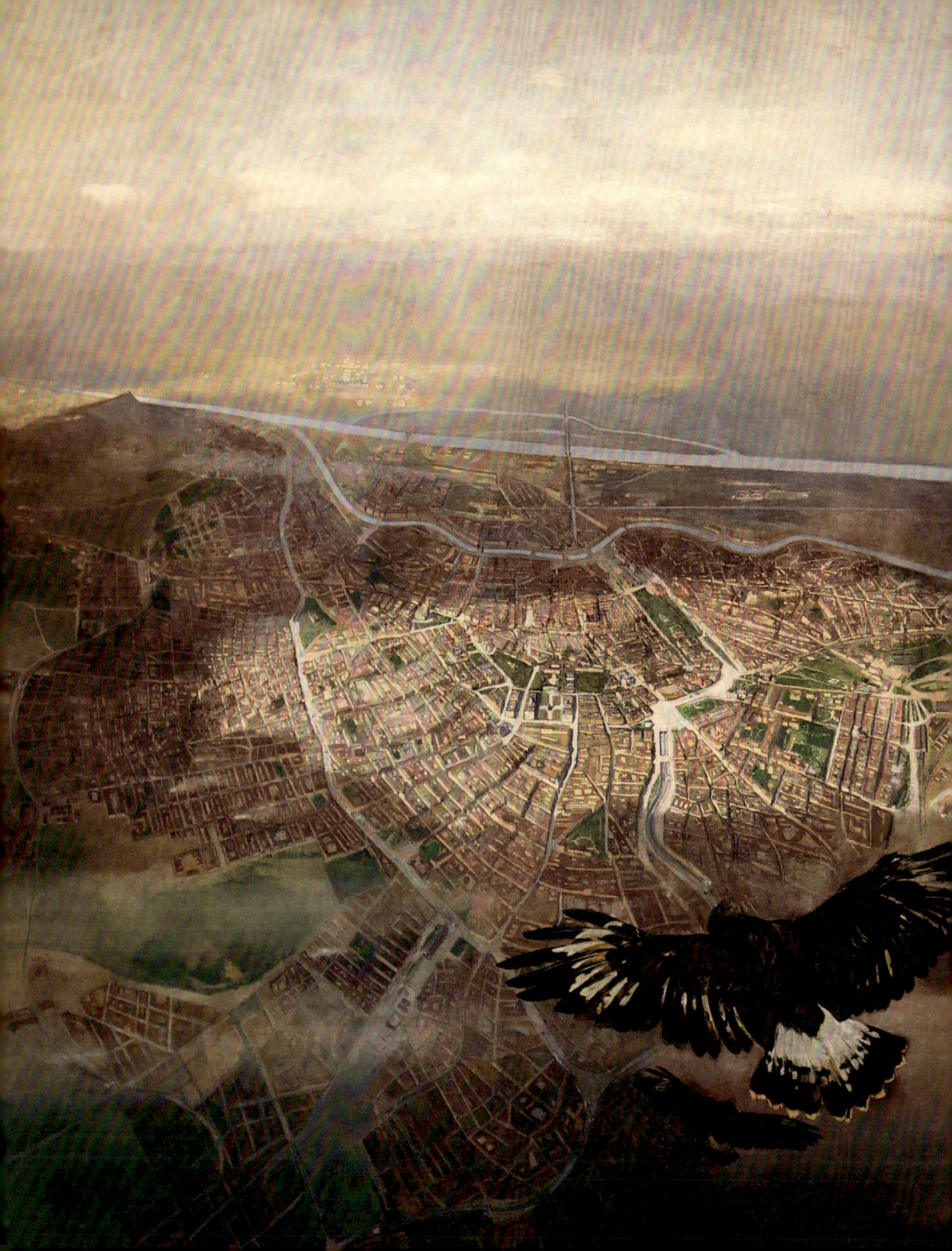

Belles formules pour choses atroces

Rainer Metzger

Nous nous donnons en spectacle
En jouant nos propres pièces,
Mûres déjà, fragiles et tristes,
Comédies de notre âme,
Émotions du jour, d'hier,
Belles formules pour choses atroces,
Lisses paroles, images colorées,
Sentiments secrets et mélangés,
Agonies et Épisodes

— HUGO VON HOFMANNSTHAL, PROLOGUE À *L'ANATOLE* D'ARTHUR SCHNITZLER, 1892

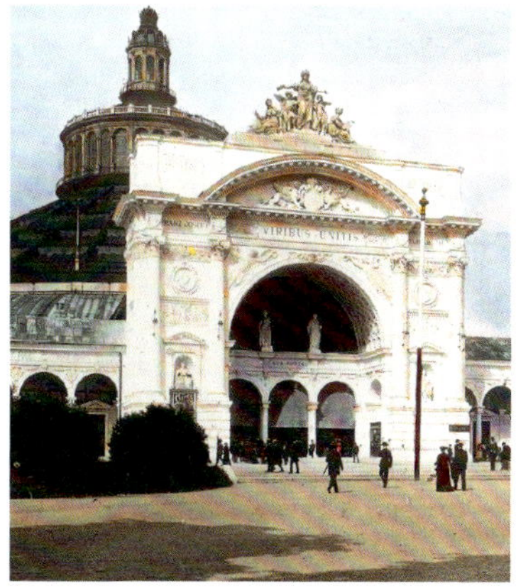

Karl von Hasenauer
La porte Sud de la Rotonde du Prater, Vienne
Diapositive sur verre colorée à la main, vers 1890

Carl Moll
Panorama de Vienne, 1898
Détrempe sur toile, 324 x 260 cm
Vienne, Hofpavillon

PAGE 1
Gustav Klimt
Ex Libris, 1899/1900
Lithographie couleur, 29 x 37 cm

PAGE 2
Reflet sur une porte vitrée – Otto Wagner, station de métropolitain Karlsplatz, 1998/99
Photographie de Keiichi Tahara

PAGE 4
Gustav Klimt
Portrait de Adele Bloch-Bauer II, 1912
Huile sur toile, 190 x 120 cm
Collection particulière

Deux aigles tournoient au-dessus d'une ville. Nous suivons le point de vue des oiseaux, à quelque 3 000 mètres d'altitude. Cette ville, c'est la capitale de l'empire habsbourgeois, de la monarchie danubienne, de l'Autriche-Hongrie. La double présence du majestueux rapace pourrait être interprétée comme une allusion héraldique, l'aigle bicéphale s'élevant ainsi au-dessus d'une prestigieuse partie de son territoire. Cette ville, c'est donc Vienne. Et dans les jeux de l'ombre et de la lumière, ce que l'on voit surtout, ce sont des lignes : des lignes bleues en arrière-plan, qui matérialisent le Danube, et d'autres, blanches, décrivant les rues, les places et les grands axes routiers (ill. p. 6). Ces lieux mouvants, zones de passage et de diversité, ont retenu toute l'attention de l'artiste. Dans ce panorama à vol d'oiseau (au sens littéral), Carl Moll (1861–1945) immortalise la Vienne de 1898. Bien sûr, il s'est servi des cartes et des plans de l'époque, mais il est passé d'une bidimensionnalité stricte à une vue tridimensionnelle : sa représentation hérite ainsi du dynamisme qui, au fond, était inhérent à la plupart des capitales au tournant du 20e siècle.

Depuis le printemps 1898, le tableau de Moll était présenté dans le cadre d'un événement majeur de l'année, l'exposition organisée à l'occasion du 50e anniversaire de l'accession au trône de Sa Majesté François-Joseph Ier d'Autriche (1830–1916 ; ill. p. 44). Au Prater, tout autour de la Rotonde qui avait accueilli l'Exposition universelle de 1873, on avait rassemblé tout ce que l'empire possédait de notable, d'honorable et de vénérable (ill. p. 7). Et l'art, bien sûr, était de la partie. Mais tout comme l'exposition universelle avait été un échec en raison de la crise économique et de l'épidémie de choléra, l'exposition du jubilé impérial semblait placée sous une mauvaise étoile. Le 10 septembre 1898, l'impératrice Élisabeth (1837–98) – la célèbre Sissi qui fait plus figure de mythe que de mère de la nation – est assassinée par un anarchiste. Difficile, dans ce contexte, de célébrer des festivités. Il n'empêche : l'empereur tiendra le coup et restera encore dix-huit années à la tête de l'Empire. Il veillera à ce que son territoire, depuis longtemps soumis

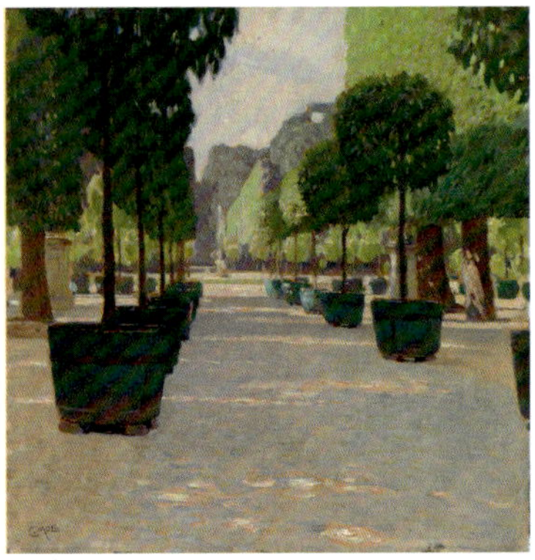

Carl Moll
Depuis le parc du château de Schönbrunn, 1910
Huile sur panneau, 35,6 x 35,3 cm
Amsterdam, Van Gogh Museum

à des forces centrifuges, conserve un noyau autour duquel s'effectue sa rotation. Ce noyau, s'il n'était pas vide, n'en était pas moins difficile à équilibrer. C'est peut-être là ce qui permet de décrypter ce souverain, de mieux comprendre son obstination et sa persistance. Chacun pouvait façonner son empereur à partir de l'intangible. L'étoffe des rêves des sujets était tissée de trois fils : la tradition, le cérémonial et la stabilité. Même les avant-gardes sacrilèges ne doutaient pas de leur souverain, de sa signification et de la garantie de sécurité qu'il représentait.

La perspective aérienne de Moll a profité de cette constance : elle est toujours visible dans le Pavillon impérial, érigé à proximité du château de Schönbrunn dans l'idée que l'empereur et son entourage pourraient eux aussi utiliser le métropolitain en construction. Comme toutes les stations de ce tout nouveau moyen de transport viennois, le pavillon impérial (ill. p. 8, en bas) fut planifié dans le cabinet d'Otto Wagner (1841–1918). Au tournant du siècle, Wagner est certainement l'architecte viennois le plus en avance ; ses projets font office de catapultes vers la période d'essor que connaîtront bientôt l'architecture et la construction. Néanmoins, pour la gare destinée à Sa Majesté, Wagner et son dessinateur en chef Joseph Maria Olbrich (1867–1908), qui conçut dans le même temps le bâtiment sensationnel de la Sécession (ill. p. 35), font preuve d'une très nette retenue. Bravant toute fonctionnalité, le bâtiment est coiffé d'une coupole munie d'ouvertures ovales et fait clairement allusion à la rotonde de l'église Saint-Charles, dont le style baroque témoignait de l'empereur des Romains qui lui donna son nom, Charles VI. « *Artis sola domina necessitas* » : la devise de Wagner posait la nécessité en unique maîtresse de l'art. Dans le cas du Pavillon impérial, cependant, la philosophie du matériel fut supplantée par la majesté de l'effet à produire.

Le tableau de Moll peut se lire comme une sorte de guide du tracé du métropolitain, correspondant à peu près aux lignes U4 et U6 d'aujourd'hui. Juste en dessous des deux aigles, on distingue le château et le parc de Schönbrunn (ill. p. 8 en haut) et, partant de

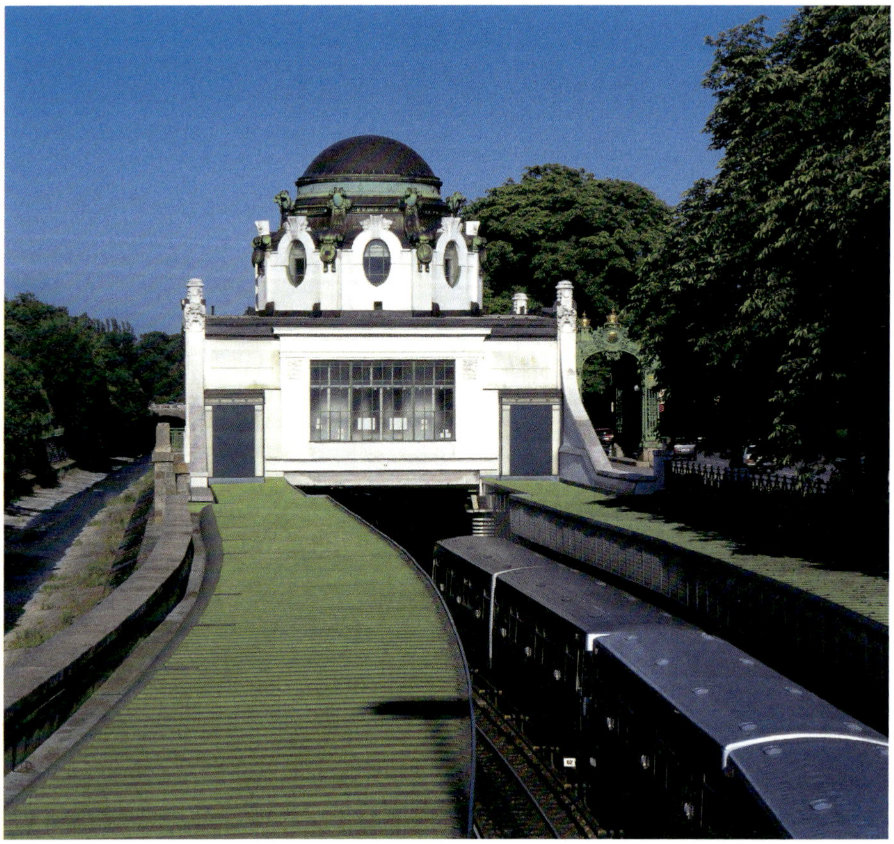

Otto Wagner
Station Pavillon impérial à Vienne Hietzing, 1899

Le dit Pavillon impérial fut édifié à proximité du château de Schönbrunn afin que la maison impériale puisse utiliser le métropolitain.

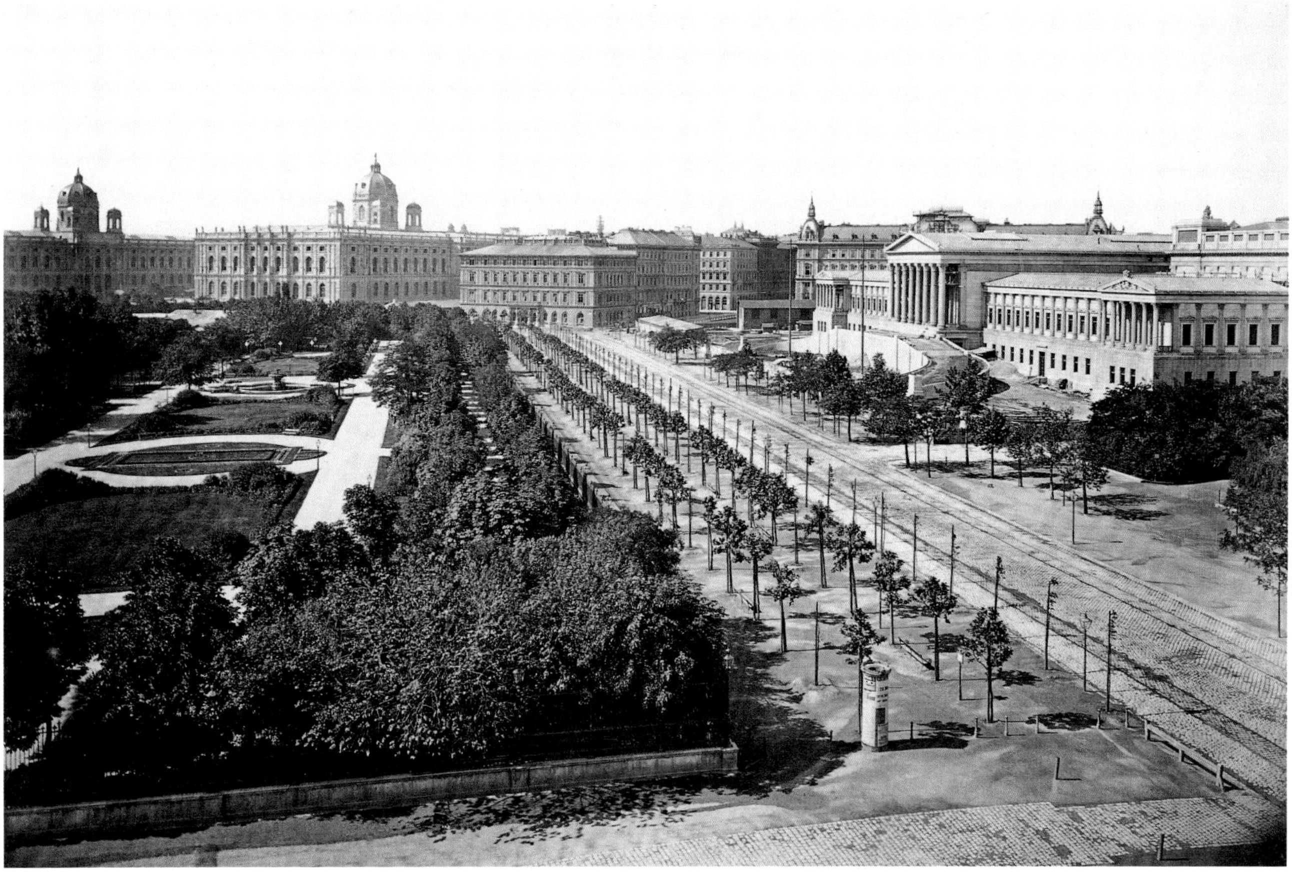

Vue sur la Ringstrasse, dite Ring, vers 1890

là, un ruban blanc qui serpente vers le second plan à la dominante claire. C'est le tracé qu'empruntent les nouveaux trains. Sur la gauche, un autre ruban s'étire de haut en bas, évoquant une seconde ligne de métro. Par rapport à ces deux itinéraires, le long de la Vienne et de la ceinture périphérique, la représentation de Moll ne fait pas grand cas d'un projet urbaniste viennois retentissant : le Ring.

Projeté dans les années 1850 et toujours inachevé au tournant du 20e siècle, cet immense boulevard de prestige qui accueille des édifices phares tels que l'Opéra, le Burgtheater et l'université, est au mieux signalé par un vague rayonnement (ill. p. 9). Néanmoins, qui cherche un ensemble architectural concret sur le tableau peut se pencher sur la partie la plus claire du tableau, qui correspond à la Karlsplatz, là où la Vienne croise l'artère toute droite en direction du sud-ouest. On reconnaît ici, tel un accent arrondi, la nouveauté suprême : la Sécession – le lieu d'exposition de l'association d'artistes du même nom. Carl Moll avait fait partie des fondateurs en 1897.

Le métropolitain ne connut pas un succès fulgurant. Il était censé désencombrer la cité qui, avec ses 2 millions d'habitants, se classait désormais au 5e rang mondial des plus grandes villes, mais l'entreprise échoua. Conformément à la structure urbaine de Vienne, il contournait le centre plutôt que de le desservir. En dépit de la beauté que Wagner, épris de purisme et défenseur de la symétrie, leur avait donnée, les stations du métropolitain (ill. p. 10, en haut) étaient trop grandes, difficiles d'accès et donc trop peu fonctionnelles. Et surtout, les trains continuaient d'être tractés à la vapeur. À cet égard, ils arrivaient trop tard. Ou, si l'on pense à l'imminence de l'électricité et de ses possibilités, ils arrivaient trop tôt. Et le métropolitain n'était pas le seul anachronisme de Vienne.

Le Pavillon impérial ne servit que deux fois à l'empereur. Il s'y rendit le 16 juin 1899 et le 12 avril 1902 à l'occasion de deux visites d'apparat. Qu'aurait-il pu y faire d'autre ? Car l'idée d'un empereur se mêlant à son peuple – qui plus est dans le cadre de vie de ce

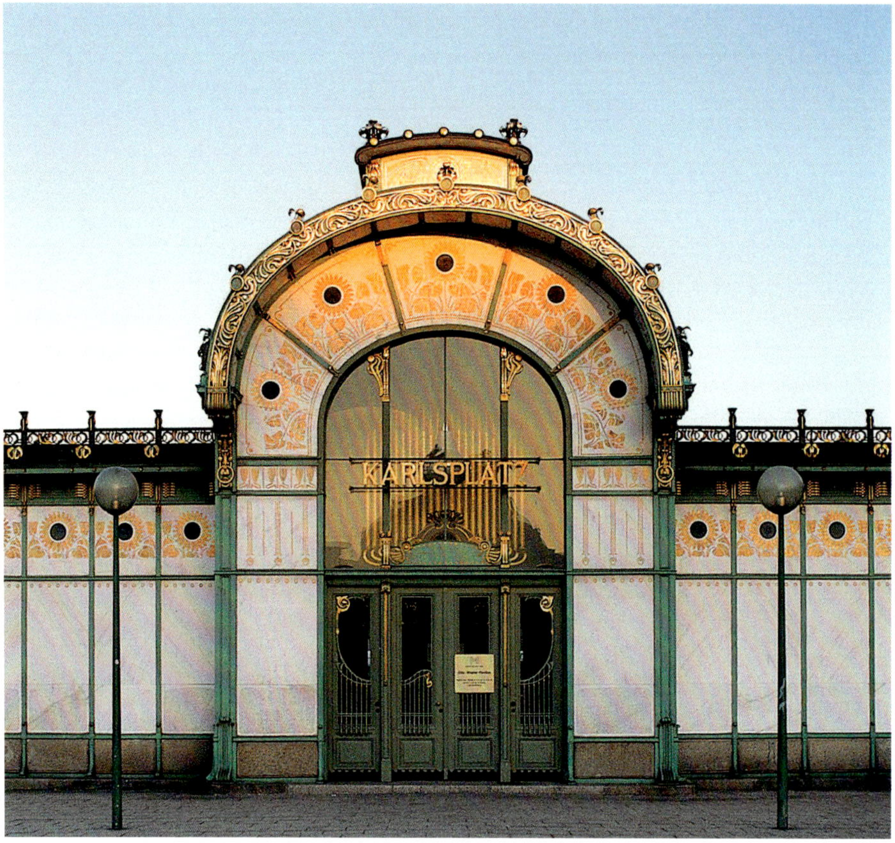

Otto Wagner
Station du métropolitain sur la Karlsplatz, 1896–99

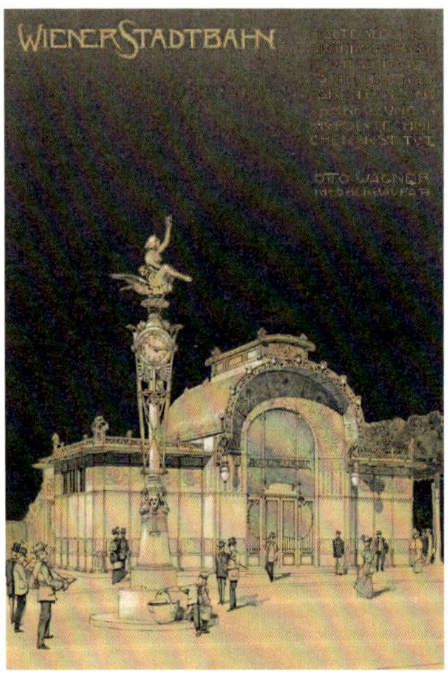

Otto Wagner
Plaquette de présentation du métropolitain (détail), 1898
Plume, encre de Chine sur esquisse à la mine de plomb
Vienne, Wien Museum

dernier, à son niveau et hors de tout cadre cérémoniel – était par trop progressiste et folle. De toute façon, depuis le début, son concepteur Otto Wagner avait surtout eu en tête son aspect prestigieux. Photographié, diffusé dans la presse, le pavillon devenait un objet médiatique. Il incarnait la pierre angulaire de la complicité entre la monarchie et la modernité, le point de confluence entre la vénérable autorité et l'actualité. En août 1899, alors que Wagner venait de rejoindre la Sécession, *Ver Sacrum* (ill. p. 37), la revue de l'association, avait consacré à ce fleuron architectural un article détaillé, naturellement hymnique, dans lequel se mêlaient les exigences esthétiques de l'époque et les attentes de la cour impériale. La Vienne des années 1900 se réalise maintes fois dans une telle superposition temporelle, où les différentes époques apparaissent presque comme des couches de sédiments. Parmi les exigences de la modernité, il y a le désir de prendre son envol. Parmi les exigences de la modernité viennoise – et le tableau de Moll en témoigne avec emphase –, il y a le choix de laisser à l'aigle impérial l'initiative de ce vol. Et c'est guidés par lui que les artistes prennent à leur tour leur envol.

Au fond, les acteurs de la culture viennoise jouaient donc tous un peu la comédie. Ils étaient précoces, fragiles et tristes. À dix-huit ans à peine, ils savaient déjà que les belles formules cachaient des choses atroces. Ces dernières se présentaient parfois comme des agonies, mais elles pouvaient aussi en rester au stade d'épisodes. En 1892, quand Hugo von Hofmannsthal (1874–1929) compose ses vers cités en introduction à la pièce *Anatole*, où Arthur Schnitzler (1862–1931) ne craint pas la radicalité[1], il est encore au lycée. Entrant dans le cénacle littéraire à dix-sept printemps, il est considéré comme une sensation. La vérité sort de la bouche de l'enfant prodige. Hofmannsthal est fantaisiste, princier, précieux. Les protagonistes de la Vienne des années 1900 ne l'étaient pas moins. Dans sa tour d'ivoire, le jeune Hofmannsthal devenait la jeunesse même. Et un programme esthétique qui s'appuyait chez les Sécessionnistes sur le *Ver Sacrum*, le printemps sacré, trouvait là tout naturellement son incarnation. Il s'agissait de juvénilité, de virginité, de pureté.

En même temps, on ne connaissait que trop bien le fardeau que l'on portait avec soi, fait de tradition, d'éducation, d'obligations. Et de corporéité.

« Laisse l'héritier prodiguer » demande Hofmannsthal au début de son *Chant de vie* paru en 1896 [2]. Le poète se voit comme un « héritier », et ce qu'il serait de bon ton de faire avec son talent serait du gaspillage. Hofmannsthal est né dans la soie – et il n'est pas le seul. Originaire de la province, son grand-père avait réussi. Il avait fondé une entreprise, une banque, un consortium. Son père avait développé l'affaire, fait fortune et même, quand son influence économique ne fit plus aucun doute, acquis une particule nobiliaire. Et voilà que le petit-fils allait à présent faire passer ses biens dans la sphère culturelle, précisément là où l'on s'efforçait à un certain « je ne suis pas de ce monde », qui dissimulait derrière les valeurs artistiques la mauvaise réputation des valeurs financières, auxquelles cette sphère était néanmoins redevable. Hofmannsthal emploie son héritage à sa propre production artistique. Dans sa génération, nombreux seront ceux qui joueront les mécènes, les collectionneurs et financeurs. Ils faisaient en cela preuve d'un engagement tel que la Vienne des années 1900, plus que n'importe quel autre lieu, sera étroitement liée à un cercle de zélés prêts à compromettre leur origine. Les membres de ce cercle, bien plus déterminant qu'un simple public, étaient souvent d'origine juive – une confession qui s'inscrit dans une culture de l'abnégation. À maints égards, la culture viennoise d'alors était ainsi une sorte de camouflage. Les choses atroces y abondaient. On y répondait par de belles formules. Et au-dessus de tout trônait l'empereur.

La communauté idéale

« Ainsi allons-nous dans cette ville, rumine Hofmannsthal en 1893 dans le jargon local, tels les gardiens de la couronne d'un empire déchu, derniers savants d'un sang noble. [...] Nous ! Nous ! Je sais fort bien que je ne parle pas de toute la génération. Je parle de

Photographie de groupe des artistes de la Sécession, 1902
Dernière rangée, de gauche à droite : Anton Stark, Gustav Klimt, Adolf Böhm, Wilhelm List, Maximilian Kurzweil, Leopold Stolba et Rudolf Bacher
Première rangée : Koloman Moser, Maximilian Lenz, Ernst Stöhr, Emil Orlik et Carl Moll
Photographie de Moritz Nähr

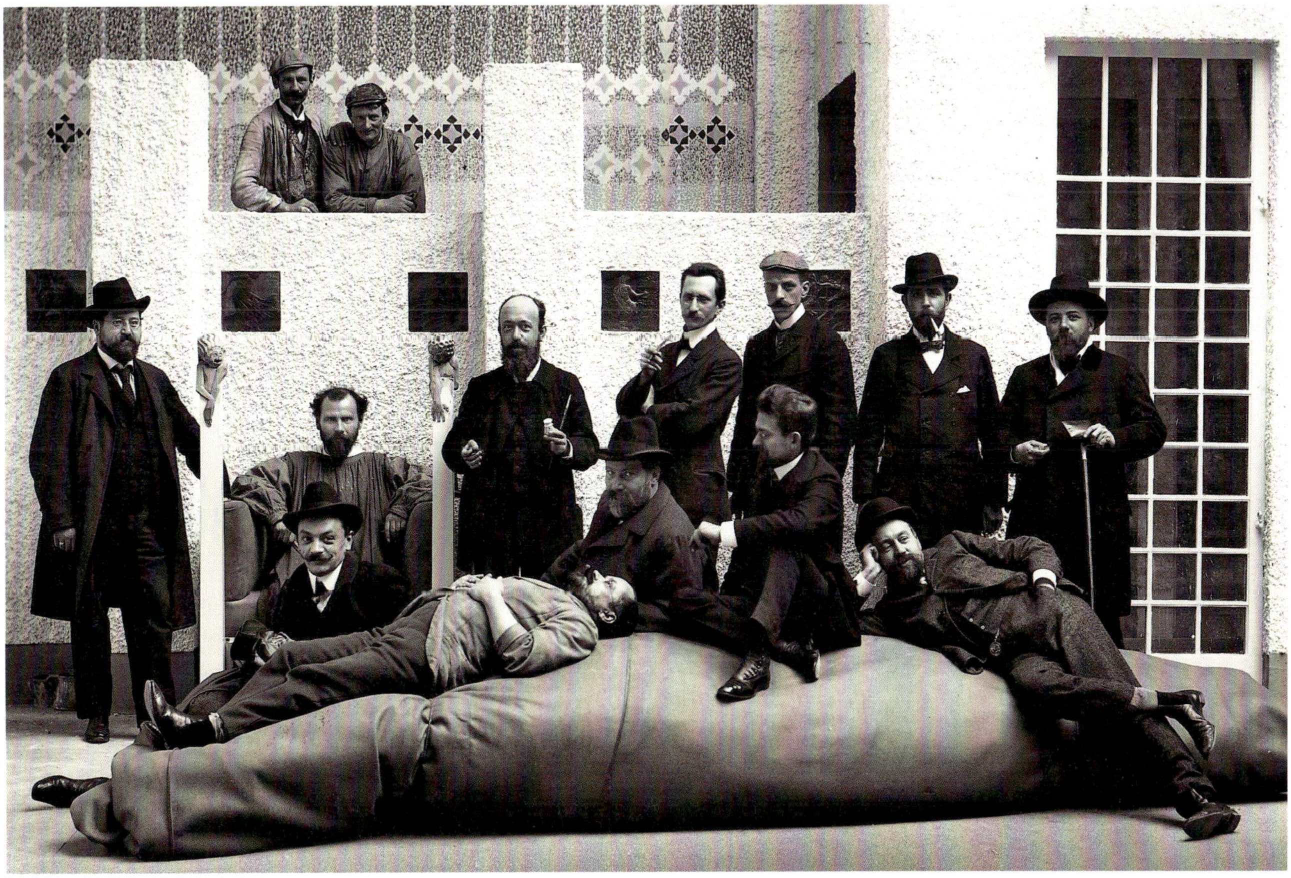

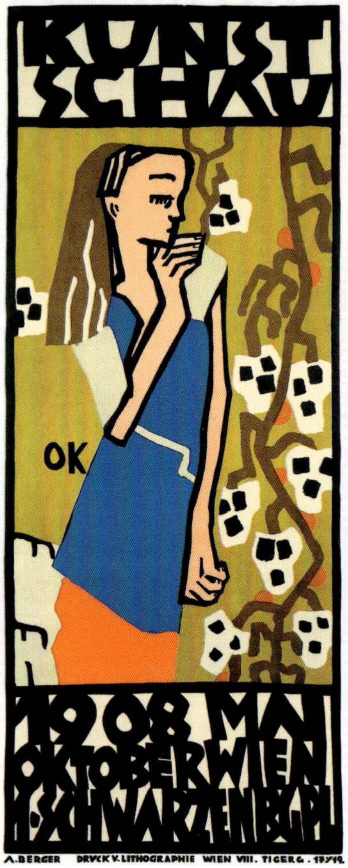

Oskar Kokoschka
Affiche pour le ***Kunstschau de Vienne***, 1908
Lithographie couleur, 96 x 38 cm

quelques milliers, dispersés dans les grandes villes d'Europe[3]. » Ce que l'on décrit par les termes « fin de siècle », « décadence », « Art nouveau » ou « Jugendstil » est une affaire d'initiés, un idiome exclusif qui, dans l'enchaînement effréné des changements que la modernité imposait socialement, démographiquement et économiquement aux grandes villes, n'émit au mieux que quelques notes discrètes.

Et pourtant, on présente depuis longtemps la Vienne des années 1900 comme un grand moment de l'histoire de la culture. Or, ce zénith érigé de manière si saisissante ne sera dévolu à la ville que dans les années 1980, au moment où les accents esthétiques d'hier bénéficieront d'une nouvelle conjoncture. La postmodernité questionnait alors la signification de l'ornement, la mise en scène exubérante de l'œuvre totale et cette modernité qui semblait désormais dépassée. À cela s'ajoutait le penchant pour le catastrophisme qui hantait le début des années 1980. Le milieu que Karl Kraus (1874–1936 ; ill. p. 41) qualifiait en 1914 de « station expérimentale du déclin du monde[4] » tandis qu'Hermann Broch (1886–1951), dans son livre sur Hofmannsthal, en parlait comme d'une « apocalypse joyeuse[5] », trouvait ainsi un écho des décennies plus tard. L'une des expositions consacrées à la Vienne du tournant du siècle eut lieu en 1981 à la Hamburger Kunsthalle. Forte de ce contexte, elle jouait avec l'idée de fin du monde et s'intitulait « Experiment Weltuntergang » [L'expérience de l'apocalypse].

L'engouement pour la Vienne des années 1900 atteignit son apogée avec « Traum und Wirklichkeit » [Rêve et réalité] à la Künstlerhaus de Vienne, une exposition conçue par Hans Hollein (1934–2014), l'un des grands maîtres de l'architecture postmoderne. Les 622 106 entrées vendues témoignent d'un succès retentissant, le plus grand qu'ait jamais connu une exposition à Vienne, qui plus est sur Vienne. Depuis, tous les lieux d'accrochages de la ville tentent de réitérer l'exploit et rivalisent en explorant toujours les mêmes thèmes. En 2012, à l'occasion du 150e anniversaire de la naissance de l'artiste, on pouvait contempler les œuvres de Gustav Klimt (1862–1918) aussi bien au Kunsthistorisches Museum qu'au Wien Museum, au Leopold Museum, à l'Albertina, au Theatermuseum ou encore à la Künstlerhaus. De cette liste fournie, on déduira une certitude : la Vienne des années 1900 incite aux calculs, et ceux-ci ne sont pas forcément le fruit d'un désir de connaissances historiques. La reconstruction du passé est toujours aussi une construction du regard.

Cette imbrication d'époques disparates laisse en outre entrevoir la superposition des espaces. La Vienne des années 1900 voulait élargir le rang des élites, s'ouvrir aux tendances qui déferlaient depuis les points névralgiques européens – Paris en premier lieu, Munich en second. La Belgique et la Grande-Bretagne n' étaient pas en reste non plus. C'est d'ailleurs aussi pour cette raison que se forma en 1897 la Sécession viennoise (ill. p. 11). Klimt (ill. p. 33, 91) endossa le rôle du président fondateur, soutenu par un front de futurs grands maîtres, tous jeunes et mus par un désir de renouveau. Bientôt, leurs noms seraient synonymes du raffinement, de la délicatesse et de la noblesse par excellence. Josef Hoffmann (1870–1956 ; ill. p. 14 en bas, p. 18, 19, 49, 56, 57, 78, 79), Koloman Moser (1868–1918 ; ill. p. 53) ou encore Olbrich produisirent tout ce que réclamait le bon goût – en même temps qu'ils formaient justement ce dernier. Ils se considéraient comme des Sécessionnistes et s'étaient constitués par scission. Leur détachement de la Wiener Künstlergenossenschaft (société des artistes viennois), de son respect du canon artistique et de son économie népotique, fit grand bruit. La Sécession devenait un label, une marque, et le lieu de présentation en était le point d'exclamation. Le résultat en dit long : l'expression spécifiquement viennoise de ces mouvements de réforme internationaux qui, à l'aube du 20e siècle, initièrent le renouveau de l'esthétique est qualifié de style Sécession (ill. p. 34).

Si l'idée d'ouverture était bien là, il ne s'agissait pas pour autant de renoncer à ce qui était familier et intime. Hermann Bahr (1863–1934) était l'imprésario de la vie culturelle viennoise au tournant du 20e siècle. C'est lui qui découvrit Hofmannsthal. Mentor des jeunes hommes de lettres, il était à la tête des différentes tendances actuelles et faisait partie de ces personnalités capables de fédérer une scène plus par leur talent d'organisateur que par leur originalité. Et voici ce que déclare Bahr aux artistes de la Sécession nouvellement constituée : « Mais nous donner l'art, c'est plus que ne saurait offrir la plus belle exposition des tableaux les plus modernes. Vous devez être de grands magiciens. Ce que renferment nos âmes de Viennois, nos joies subtiles, nos espoirs intranquilles, nos souhaits intimes et délicats, vous devez nous les montrer sous la forme de lignes et de couleurs. Vous devez créer ce qui n'a pas encore été : vous devez créer un art autrichien. Si vous n'en êtes pas capables, alors il aurait été préférable de nous laisser dormir paisiblement. Vous avez éveillé notre désir. À présent, comblez-le ! Un art autrichien ! Ce dont je parle ici, chacun d'entre vous le ressent. Quand vous longez nos délicieuses rues séculaires, quand vous voyez le soleil scintiller sur la grille du Volksgarten, près du lilas qui embaume et des petites filles qui sautent à la corde, quand vous entendez une valse au détour d'un chemin, vous ressentez soudain une drôle de sensation, et aucun ne peut dire pourquoi son cœur déborde alors de joie et d'émotion, mais chacun, oui, a le sourire aux lèvres : C'est ça, Vienne ! Voilà ce que vous devez peindre : ce que c'est, Vienne[6]. »

Ce qui était ici à l'œuvre et créait des œuvres, c'était un cocktail très particulier où le provincialisme se mêlait à des horizons élargis, où l'assurance viennoise bien ancrée – avec l'expression « comme chacun sait » – rencontrait une sensibilité à un raffinement fragile. Dès 1891, Marie Herzfeld (1855–1949), essayiste et traductrice venue de province comme tant d'autres membres du courant Vienne 1900, trouva des mots qui, bien que visant Bahr, décrivent l'âme de cette singulière constitution esthétique : « Quelle que soit la parure qu'il revêt, Hermann Bahr reste un Autrichien. Autrichien puisqu'il a le talent de s'intégrer à tout, de se fondre dans un environnement donné, de se sentir allemand

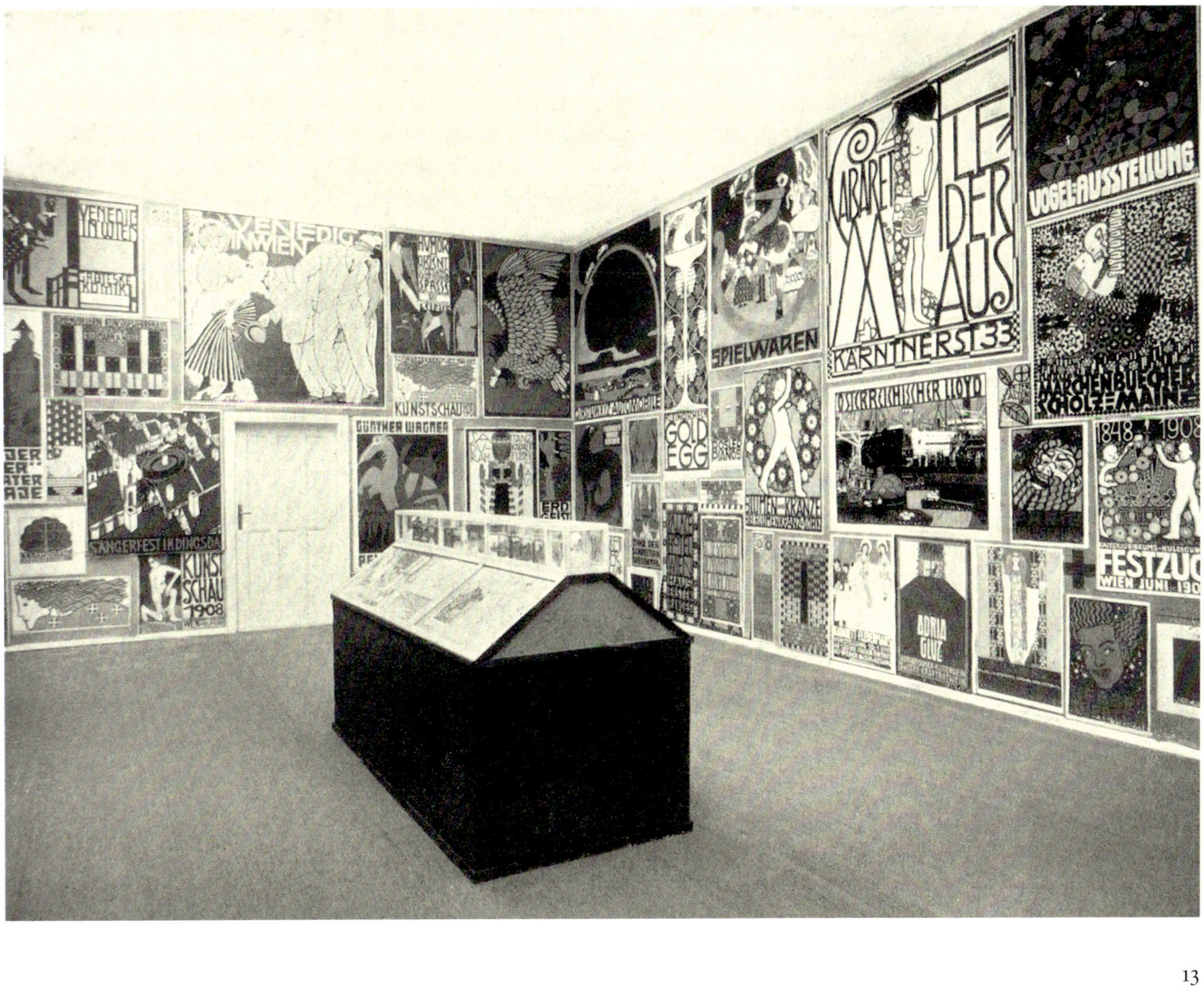

Kunstschau de Vienne, 1908
La salle de l'« art de la réclame »
Parue dans : *Deutsche Kunst und Dekoration*, vol. 23, 1909
Photographie de Bertold Löffler

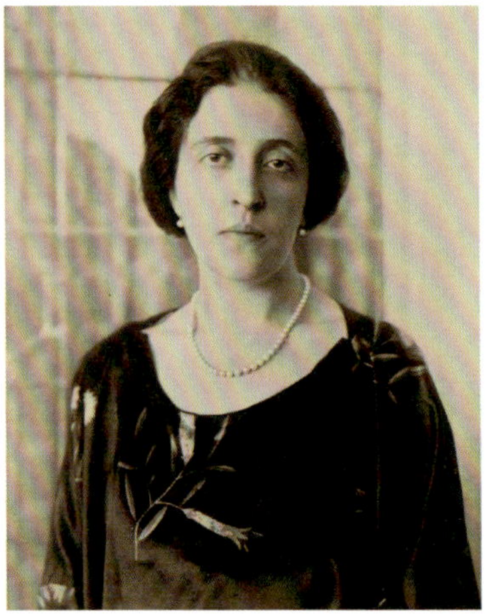

Adele Bloch-Bauer dans une robe de la Wiener Werkstätte, vers 1910

parmi les Allemands, français parmi les Français, russe parmi les Russes, puis de se retirer soudain et de n'être rien d'autre qu'un bon vieil Autrichien, qui voit couler sa Vienne là où coule le Manzanares et reconnaît partout le quartier de Lerchenfeld – un Lerchenfeld dont le frustre laisser-aller lui permet de se reposer des efforts qu'impose le raffinement[7]. » Laisser-aller et raffinement : c'est dans ce grand écart que s'épanouit cette mouvance régionale qui a toutes les qualités d'une culture mondiale. Au fond, c'est aussi la devise de Hofmannsthal où belles formules et choses atroces s'unissent dans l'incomparable.

En 1908 se tient le salon d'art Kunstschau, qui sera l'un des événements pivots de la Vienne des années 1900 (ill. p. 12, 13). Organisé sur une friche, à l'emplacement de ce qui deviendrait ensuite la Konzerthaus, ce salon se voulait représentatif de toutes les virtuosités et prouesses de la décennie passée, et l'empereur, une fois encore, célébrait un anniversaire : sa 60e année de règne. Le groupe Klimt, qui portait le nom de son représentant le plus connu, avait désormais complètement absorbé tout ce qui existait en matière de style Sécession. En 1905, il y avait eu sécession dans la Sécession et, à la suite de querelles sur la direction esthétique à suivre, on s'était détaché de la maison mère. Les stylistes s'étaient rassemblés autour de Klimt, les naturalistes leur faisant face. Il était question de savoir jusqu'où l'on pouvait pousser l'exclusivité. Et ceux qui voulaient la forcer, Klimt et ses partisans, prirent congé. Le salon présenterait donc ce que la stylisation avait produit depuis lors.

Klimt tient le discours inaugural du salon le 1er juin 1908. Sa contribution au vernissage est le document écrit le plus complet que l'on ait de sa main. Au-delà des remerciements et des hommages habituels, le passage suivant retient l'attention : « Nous donnons au terme d'"artiste" un sens aussi vaste qu'à celui d'"œuvre d'art". Ce ne sont pas seulement ceux qui créent l'art qui portent ce nom, mais d'après nous aussi ceux qui en jouissent, qui sont capables de faire l'expérience sensible de l'œuvre et d'apprécier cette dernière. Pour nous, la "communauté artistique" est la communauté idéale qui réunit tous les créateurs et tous les jouisseurs[8]. » Le cercle était ainsi tracé autour d'une poignée d'élus. Ceux-ci, rares et bienheureux, étaient détenteurs du bon goût et convaincus de pouvoir se l'offrir. Une communauté idéale… Pour la styliser, il fallait faire abstraction de beaucoup de choses. Et il était prévisible que l'on n'en resterait pas là.

Josef Hoffmann
Salle de la Wiener Werkstätte, 1907
Exposition internationale de Mannheim, avec le portrait d'Adele Bloch-Bauer
Photographie parue dans : *Kunst und Dekoration*, vol. 20, 1907

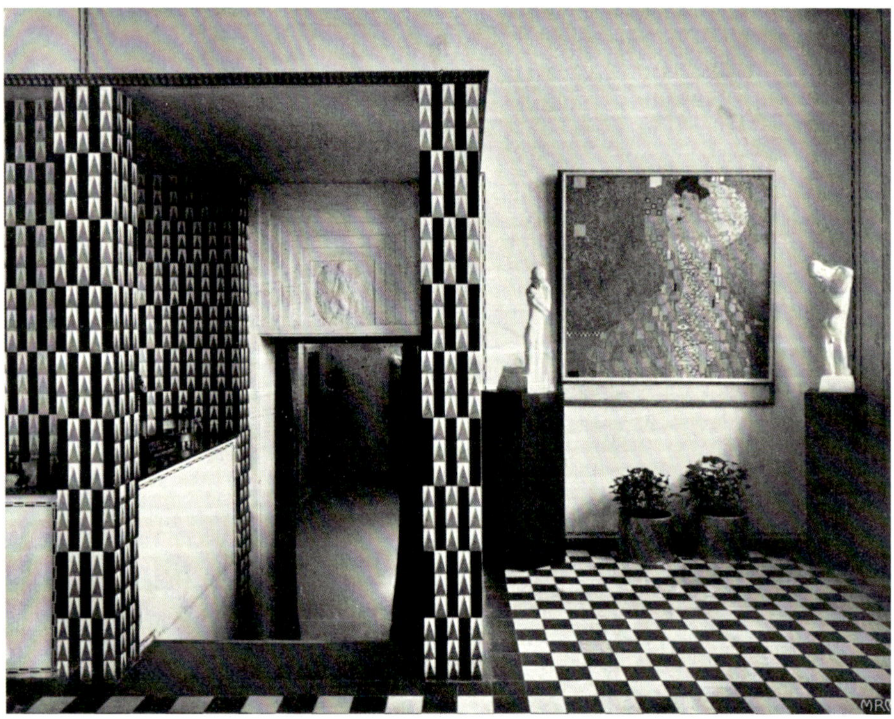

Gustav Klimt
Portrait d'Adele Bloch-Bauer I, 1907
Huile et or sur toile, 140 x 140 cm
New York, Neue Galerie

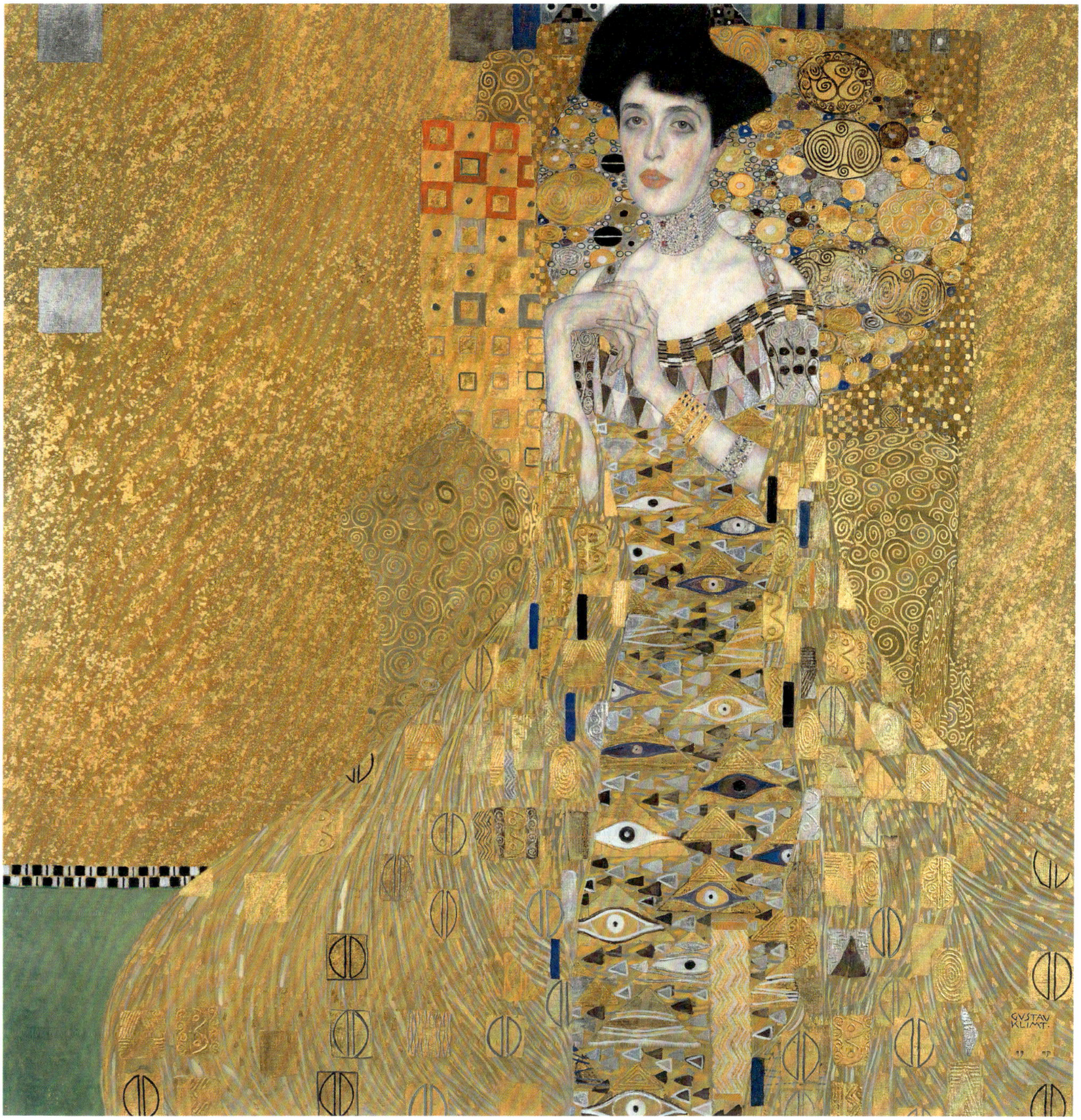
GUSTAV
KLIMT.

Extérieur et intérieur

« et j'étais un être titubant / lorsque je pris conscience de ma chair / un amoureux universel / lorsque je parlai à une fille » : ces vers concluent une publication très singulière qui, en 1907, propulsa la Wiener Werkstätte sur le devant de la scène (ill. p. 17). Tout droit sortie de l'esprit de la Sécession, l'institution du décoratif par excellence fut fondée en 1903. Il s'agissait de démontrer l'unité, la globalité, la totalité, tant dans le détail que dans l'ensemble – autrement dit, d'affirmer la possibilité de l'œuvre d'art totale. C'est là qu'Oskar Kokoschka (1886–1980 ; ill. p. 27, 30, 31, 67, 89) s'avance à pas chancelants vers sa notoriété internationale. C'est là aussi qu'œuvrent ses maîtres : dans son autobiographie, Kokoschka mentionne Alfred Roller (1864–1935), alors scénographe au Burgtheater, Josef Hoffmann, Koloman Moser, et Carl Otto Czeschka (1878–1960 ; ill. p. 62, 63) dont il suivit les cours à l'École des arts décoratifs. Et c'est la Wiener Werkstätte (ill. p. 14, 22, 78) qui fournit à Kokoschka ses premières commandes pour la réalisation de cartes d'art, un secteur important de la maison.

Ouvrage précurseur de son œuvre majeure, une brochure de 24 pages paraît sous le titre *Les Garçons rêveurs* (ill. p. 17). Tirée à cinq cents exemplaires, elle comporte huit lithographies, une vignette en couverture et une vignette liminaire dédiée à Gustav Klimt. L'œuvre revêt les atours d'un livre pour enfants ou tout du moins d'un conte. Et en effet, les scènes qui se déroulent au fil des pages ont quelque chose d'un antimonde ludique. Se donnant l'allure de rêveries, elles montrent dans la perspective aplanie propre à la Sécession des constellations paradisiaques de personnages, isolés ou en groupe, surtout en couples, qui se vautrent dans l'isolement insulaire des somnambules. Les protagonistes s'abandonnent à la joie paradoxale de l'existence, car s'ils se présentent sous un jour novateur et dans une nudité innocente, il ne fait aucun doute qu'ils attendent une impulsion, une sorte d'élan vital, qui – c'est dans l'air du temps – vient de l'intérieur, du corps et de ses hormones. C'est sur ce point que le texte placé en marge met un accent évident. Il invoque la « chair », la chair nue, exposée, révélée, béante. C'est en elle qu'une certaine conscience du corps trouve son expression. On pourrait dire que c'est expressionniste,

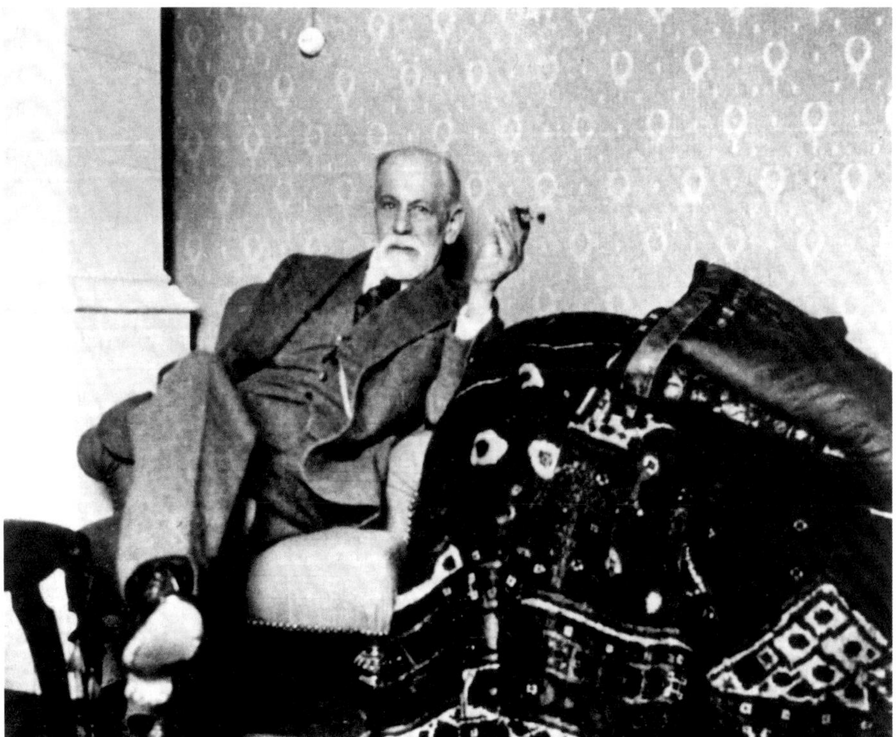

Sigmund Freud et son divan dans son cabinet à Vienne, Berggasse 19
Photographie, vers 1935

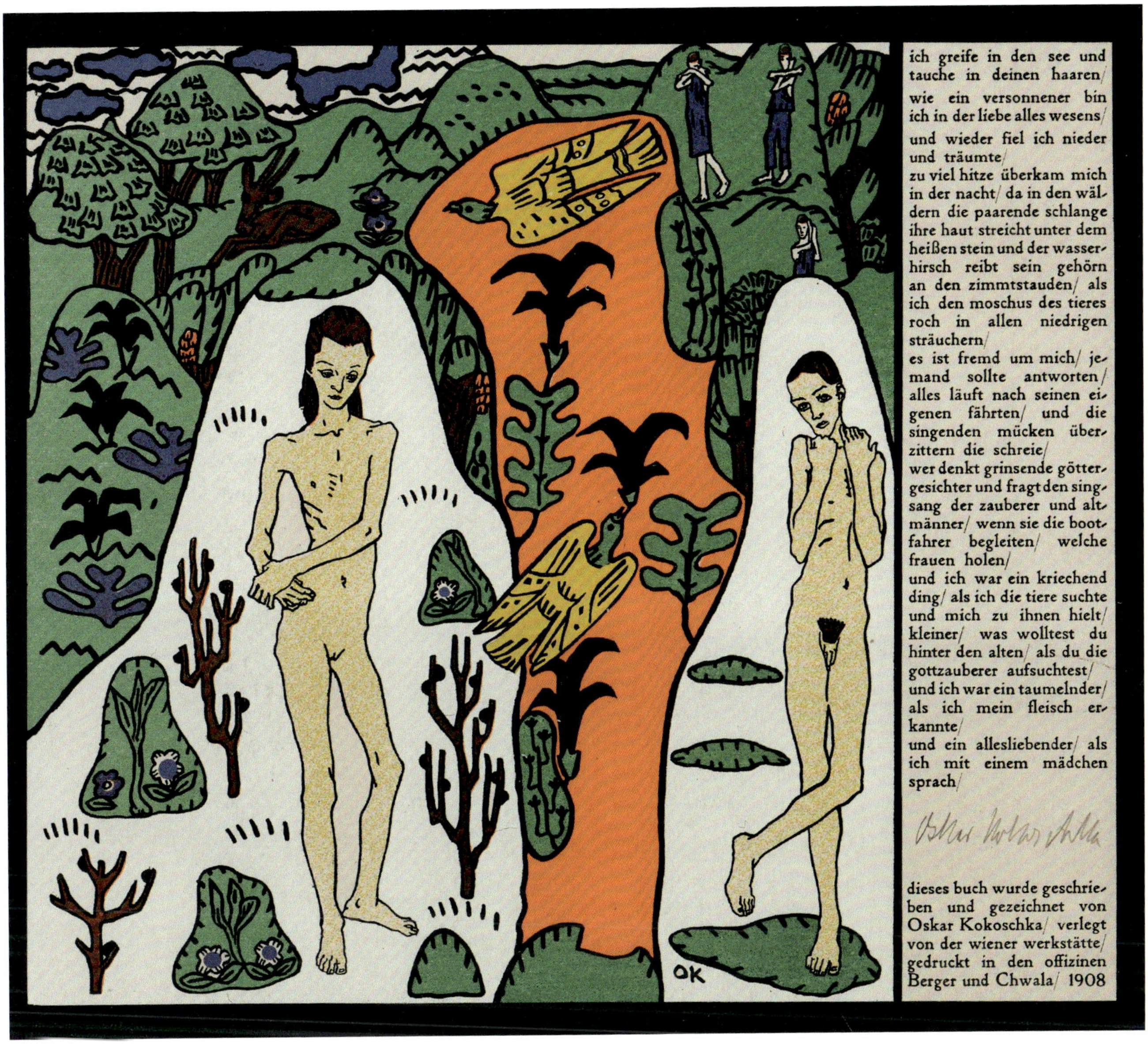

Oskar Kokoschka
La Fille Li et moi
Extrait de : *Les Garçons rêveurs*, 1908
Lithographie couleur nº 8, 24 x 29,3 cm

et Kokoschka serait l'un des premiers représentants de cette démarche. Prenons un autre passage des visions poétiques des *Garçons rêveurs* : « mon corps débridé / mon corps exalté de sang et de couleur / rampe jusqu'à vos cabanes / essaime dans vos villages / rampe jusqu'à vos âmes / suppure dans vos corps. » La mission des images est désormais de porter à l'extérieur ce qui essaime et suppure à l'intérieur. Hermann Bahr l'avait déjà formulé inversement en 1890 dans un essai sur la modernité (*Die Moderne*) : « Nous n'avons rien d'autre à faire que de transformer l'extérieur en intérieur[9]. »

Extérieur et intérieur. La Vienne des années 1900 évolue dans une vision du monde où ces deux sphères coexistent dans une tension permanente. Au-dedans et au-dehors, corps et âme, enveloppe charnelle et cerveau, façade et intérieur, structure et abîme sont des états de la matière dans lesquels le fluide de la vie trouve son expression.

Un an avant Kokoschka, en 1906, Robert Musil (1880–1942) avait créé l'événement avec son premier ouvrage. Son roman *Les Désarrois de l'élève Törless* a pour personnage l' élève d'une école militaire privée. Dans ce parcours d'adolescent, l' entraînement militaire, les rituels quotidiens et l'éducation à la discipline et à l'ordre ne masquent qu'à grand-peine l'absence de scrupules, les violences et le penchant pour la torture comme une fin

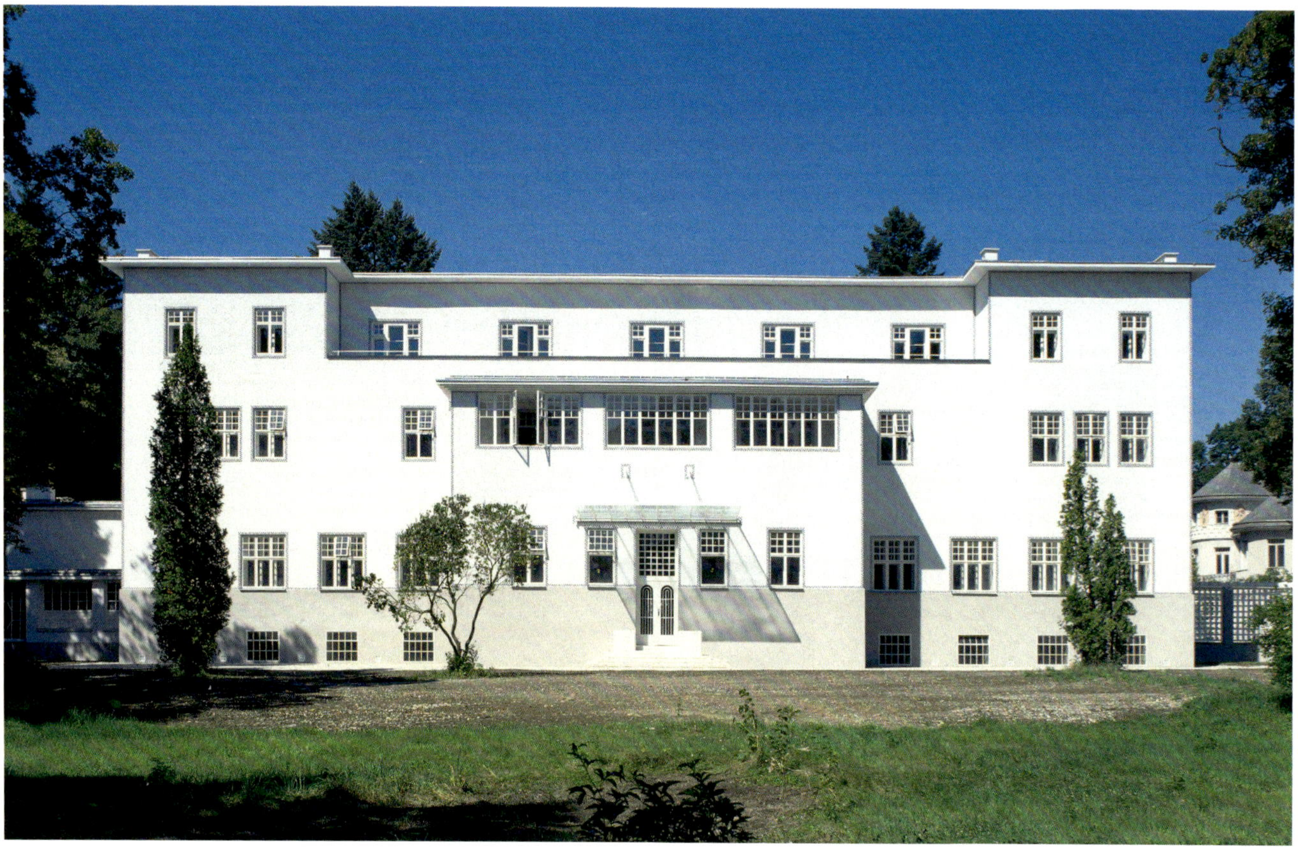

Josef Hoffmann
Sanatorium de Purkersdorf

en soi. Concernant le dedans et le dehors, Musil fait dire ce qui suit à son héros Törless : « Alors, il était possible que, du monde de la clarté quotidienne qu'il avait seul connu jusque-là, une porte ouvrît sur un autre monde, monde sourd, déferlant, sauvage, impudique, destructeur. Et que, des hommes dont la vie se partage *entre bureau et famille*, transparente et solide comme une architecture de *fer* et de *verre*, aux autres, les réprouvés, les sanglants, ceux que souillent les excès et qui errent dans des labyrinthes retentissant de voix criardes, il y eût une sorte de trait d'union, plus encore : que les frontières de leurs deux univers à chaque instant se rapprochent, se confondent en secret[10]. »

L'instrument qui permet de sonder cette interférence, cette superposition de l'obscurité et de la clarté, est aussi celui auquel s'abandonnent *Les Garçons rêveurs* de Kokoschka : c'est le rêve. En 1900, Sigmund Freud (1856–1939 ; ill. p. 16) publiait son *Interprétation des rêves*, sans doute l'œuvre clé pour qui cherche une notion emblématique de la Vienne des années 1900. Le livre n'eut guère de succès pour commencer, et il ne s'en vendit pas même 400 exemplaires au cours des six premières années. Mais l'inventeur de la psychanalyse – conseiller en aménagement intérieur par excellence s'adressant au gardien des portes de l'inconscient – par qui tout oubli, toute omission, tout malentendu devait perdre son innocence, avait confiance en son ouvrage. Dès la parution de l'*Interprétation des rêves*, Freud s'imagine qu'« un jour futur », une plaque posée sur sa demeure de la Berggasse 19 portera l'inscription suivante : « C'est ici que fut révélé au Dr Sigmund Freud, le 24 juillet 1895, le secret des rêves[11]. » En 1977, une plaque portant précisément ce texte fut effectivement posée à Grinzing, où le scientifique avait ses quartiers d'été. Freud emprunta l'épigraphe de son ouvrage, nourri comme tous ses écrits de littérature humaniste, à Virgile, le poète romain père de l'*Énéide* : se voyant « dans l'impossibilité de fléchir les dieux d'en haut », il pensait néanmoins pouvoir « mouvoir l'Achéron ».

Mais avant toute chose, les cieux suprêmes et les bas-fonds devaient rester en contact constant. Le rêve (sur lequel Freud braquait le regard très focalisé qui lui est propre) était

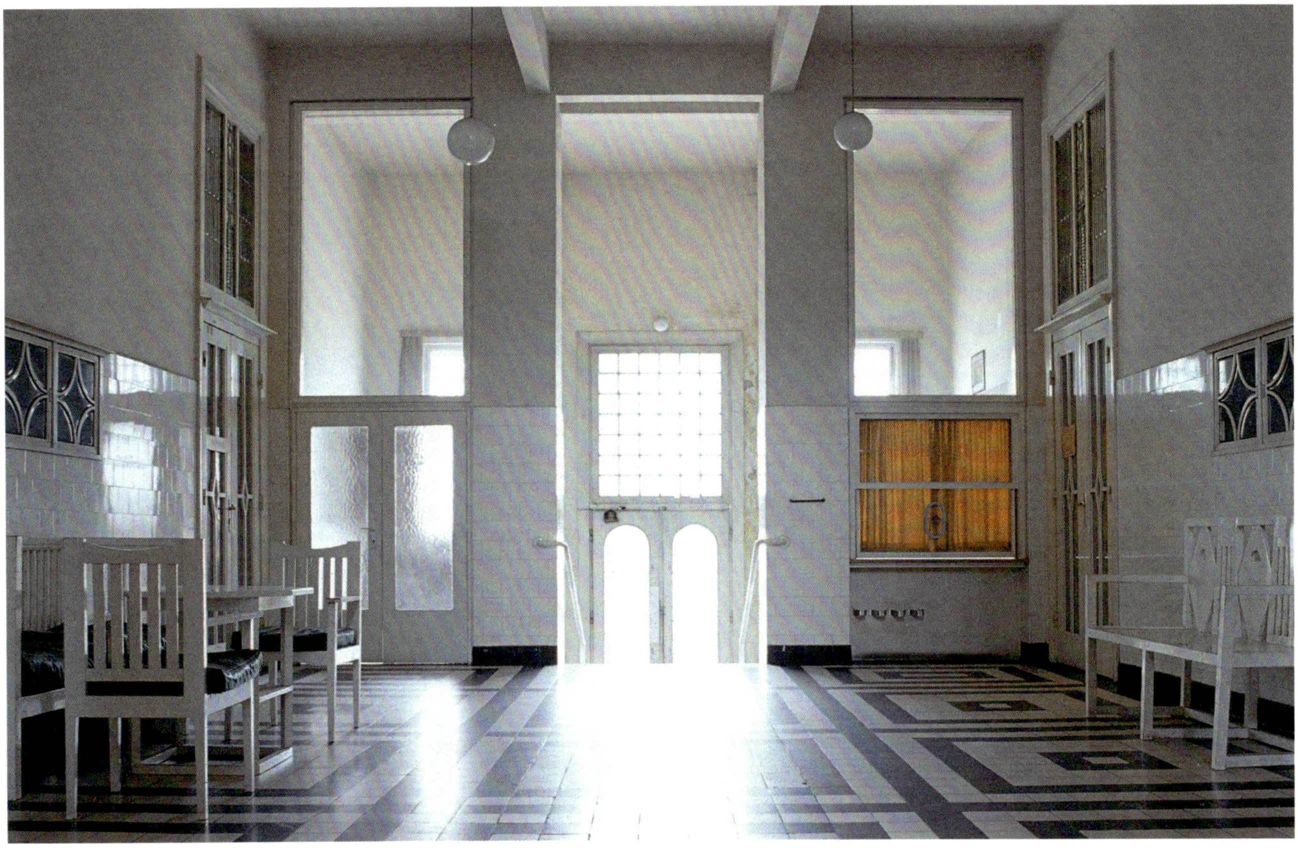

le lieu d'expression de la sexualité. Et comme cette sexualité était reléguée aux domaines de la dépravation, de l'occultation, de l'indicible, elle devait trouver un milieu où prendre forme. L'un n'était – et n'est, devrait-on dire grâce à Freud – pas pensable sans l'autre. La netteté avec laquelle on faisait ensuite résonner ce qui est tabou d'une part dans ce qui est permis d'autre part, la sensibilité de la perception et de la prise en considération, n'étaient qu'une question de programme, de goût ou de vision personnelle. Parmi les plus nets se trouvait Arthur Schnitzler (ill. p. 58), ce qui valut à l'homme de lettres de recevoir en 1906 ces lignes élogieuses de la main du psychologue : « Je me suis souvent demandé avec étonnement d'où vous teniez la connaissance de tel ou tel point caché alors que je ne l'avais acquise que par un travail pénible d'investigation, et j'en suis venu à envier l'écrivain que déjà j'admirais[12]. »

C'est dans la mise à nu ou la dissimulation, et tout particulièrement dans la mise en scène sophistiquée de l'entre-deux, que s'exprime la culture viennoise. Freud avait déjà jalonné le terrain en formulant son concept phare : « Le rêve est l'accomplissement (déguisé) d'un désir (refoulé)[13] ». L'accomplissement du désir, que le rêve permet à l' encontre de l'ordre établi, est « déguisé » – l'adjectif étant mis entre parenthèses par Freud –, ce qui ouvre un champ d'interprétation fertile pour de nombreuses créations de la culture viennoise. « Déguisé » se rapporte au textile, à l'habillement et au déshabillage, au costume et au travestissement, à des matières utilisées pour rendre visible ou, encore mieux, invisible. Et en effet, la culture viennoise se caractérise par une sensibilité particulière à la matérialité.

« L'Adele dorée », ainsi que l' on surnomme le premier portrait d'Adele Bloch-Bauer (ill. p. 15), un joyau débuté en 1906 et exposé pour la première fois au salon de 1908, s' ouvre dans une démarche très entière aux possibilités de la matière. Klimt fait le portrait exemplaire de l' épouse d'un industriel du sucre, habituée à l'argent et à l' ennui. Adele Bloch-Bauer (1881–1925 ; ill. p. 14, en haut) est encore jeune, mais on reconnaît en

Josef Hoffmann
Sanatorium de Purkersdorf

Le sanatorium de Purkersdorf est l'un des premiers sommets de la carrière artistique et architecturale de Josef Hoffmann, constituant en outre une démonstration des maximes de la Wiener Werkstätte.

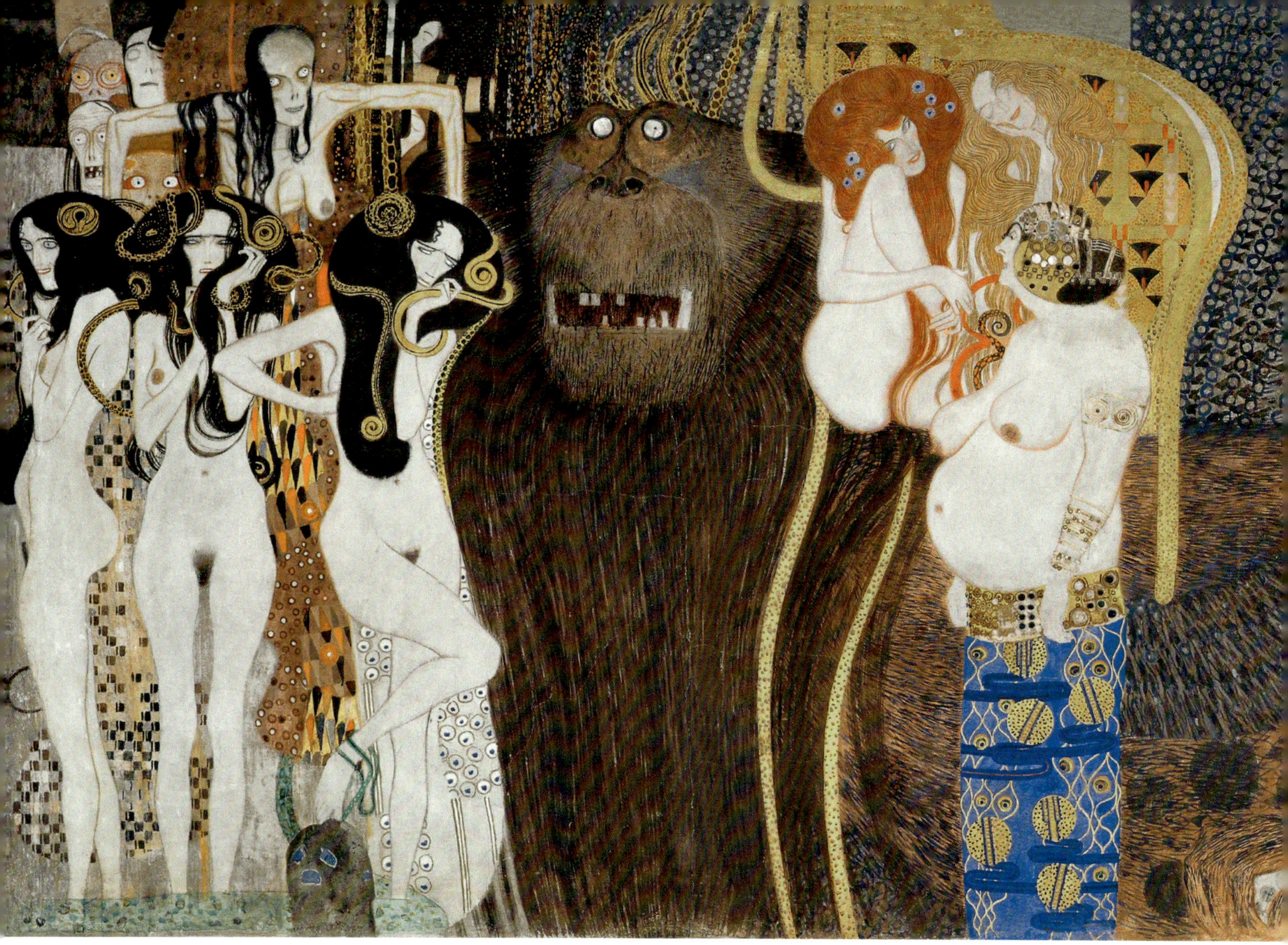

Gustav Klimt
Frise Beethoven (détail), 1901/02
Panneau central
Technique mixte (fusain, mine de plomb, craie noire, craies de couleur, sanguine, pastel, peinture à la caséine, or et argent, stuc doré, incrustations) sur plâtre sur chaume
Panneaux latéraux 13,92 x 2,15 m chacun, panneau central 6,30 x 2,15 m
Vienne, Secession ; Prêt du Belvedere

elle une flétrissure, un dévalement devant les circonstances, une certaine décadence dans laquelle se manifeste la connaissance de l'aspect tardif de l'époque et des corps qui l'incarnent. On le voit aux zones du tableau qui figurent la carnation, la peau du visage et des mains où le temps a laissé son empreinte. En outre, c'est dans un cocon des plus dispendieux que cette femme existe. Elle est enfermée dans une trame. Ornement, décor et appliqué la retiennent prisonnière, qui plus est sur un fond d'or – forme ancienne et vénérable à l'anachronisme provocateur. Le massif et le foisonnant, l'enveloppe et l'intime, l'immuable et l'immédiat sont ici réunis. La limpidité inorganique et la corporéité vitale se fondent en une communauté qui ne semble pas de ce monde. Artificiel au plus haut point, le tableau monté de toutes pièces par Klimt laisse sous-entendre qu'il faudrait mobiliser tout ce que l'art permet afin de cerner le personnage, ses pulsions et ses abîmes.

Peut-être cette attitude se fonde-t-elle sur le testament culturel le plus important que la Vienne du 19e siècle ait légué au 20e siècle : le Ring (ill. p. 9). Ce que l'on avait construit là, c'était un grand théâtre de l'illusion. On y jouait les progressistes cultivés, on y construisait des musées, un Opéra et des établissements d'enseignement supérieur. On s'y prétendait libéral, tout en érigeant des édifices, comme le Parlement et l'université, qui n'étaient pas vraiment en mesure d'honorer l'esprit démocratique qu'ils invoquaient. Et surtout, on s'y montrait résolument historien : qui n'a pas confiance en l'avenir veut au moins maîtriser le passé. C'est ainsi que ces bâtiments, pensés comme des institutions, furent dotés de formes historiques citant l'antiquité, le gothique, le baroque et toute une kyrielle d'autres styles encore.

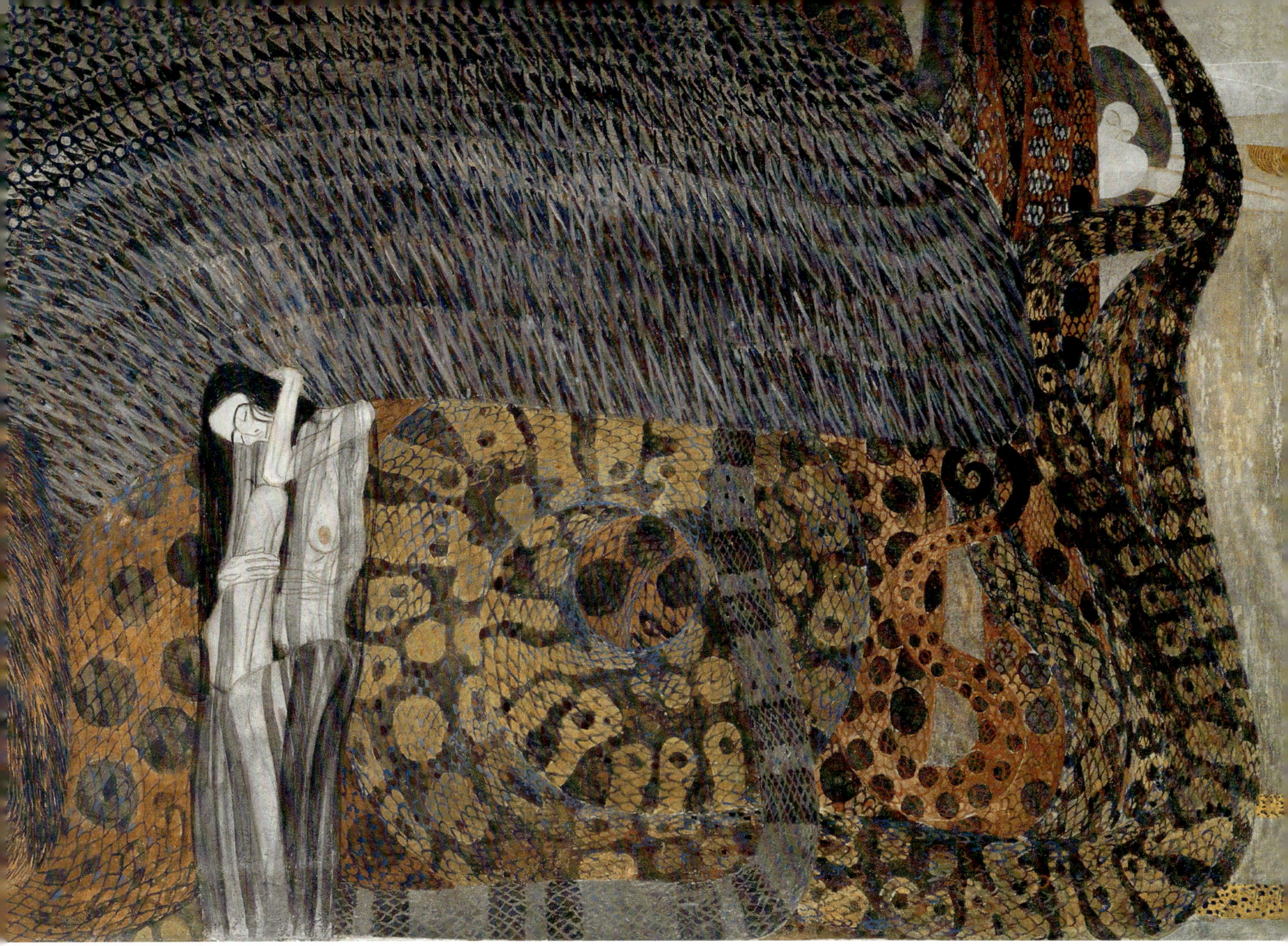

Gottfried Semper (1803–79), qui conçut avec Carl von Hasenauer (1833–94) le Burgtheater et le forum impérial de la Ringstrasse, élabora une théorie sur ce point. Dans l'un de ses textes, un peu confus et difficile d'accès, il explique que l'architecture commence au moment où une étoffe fut tendue sur la structure grossière d'un abri pour en faire un logis. La cabane primitive se composait d'un ensemble de quatre piliers et d'un morceau de tissu en guise d'enveloppe. Cette disposition, grosso modo, fonde la théorie du revêtement de Semper (*Bekleidungstheorie*).

Les architectes viennois en firent un véritable programme : d'abord, avec les enveloppes historicistes du Ring et leur superposition sous forme de différents styles datés ; ensuite, avec la transformation par Otto Wagner du motif historique en motif végétal (ill. p. 2), dans des répétitions purement ornementales ou dans les rivets, bordures et ferrures des façades (ill. p. 39) ; enfin, avec les tentatives très diverses de ses élèves Max Fabiani (1865–1962 ; ill. p. 46, 47), Jože Plečnik (1872–1957 ; ill. p. 50, 51) ou Olbrich (ill. p. 35) qui firent écho aux œuvres de Wagner tout en se défiant les uns les autres. Et pour finir, la fin de tout habillage fut proclamée par un jeu de bascule vers l'espace intérieur tel qu'Adolf Loos (1870–1933 ; ill. p. 43) le concevait : Vienne donna naissance à ce que l'architecture des temps modernes appelle joliment le « mur-rideau » depuis les années 1920 – une façade existant pour elle-même et assumant ses propres forces, véritablement placée comme un rideau devant le corps du bâtiment.

Il y a une coque et il y a un noyau. Le troisième élément indispensable à l'intérieur et à l'extérieur fut la délectation dans le décor. Avec le bâtiment de la Sécession, on imagina

Max Klinger
Statue de Beethoven
dans la XIVe Exposition de la Sécession viennoise, 1902

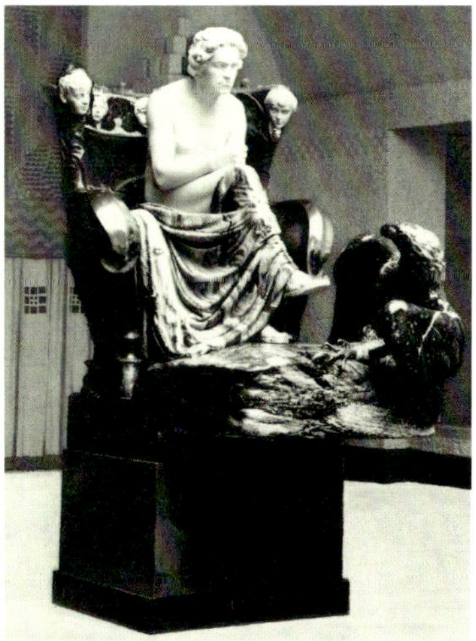

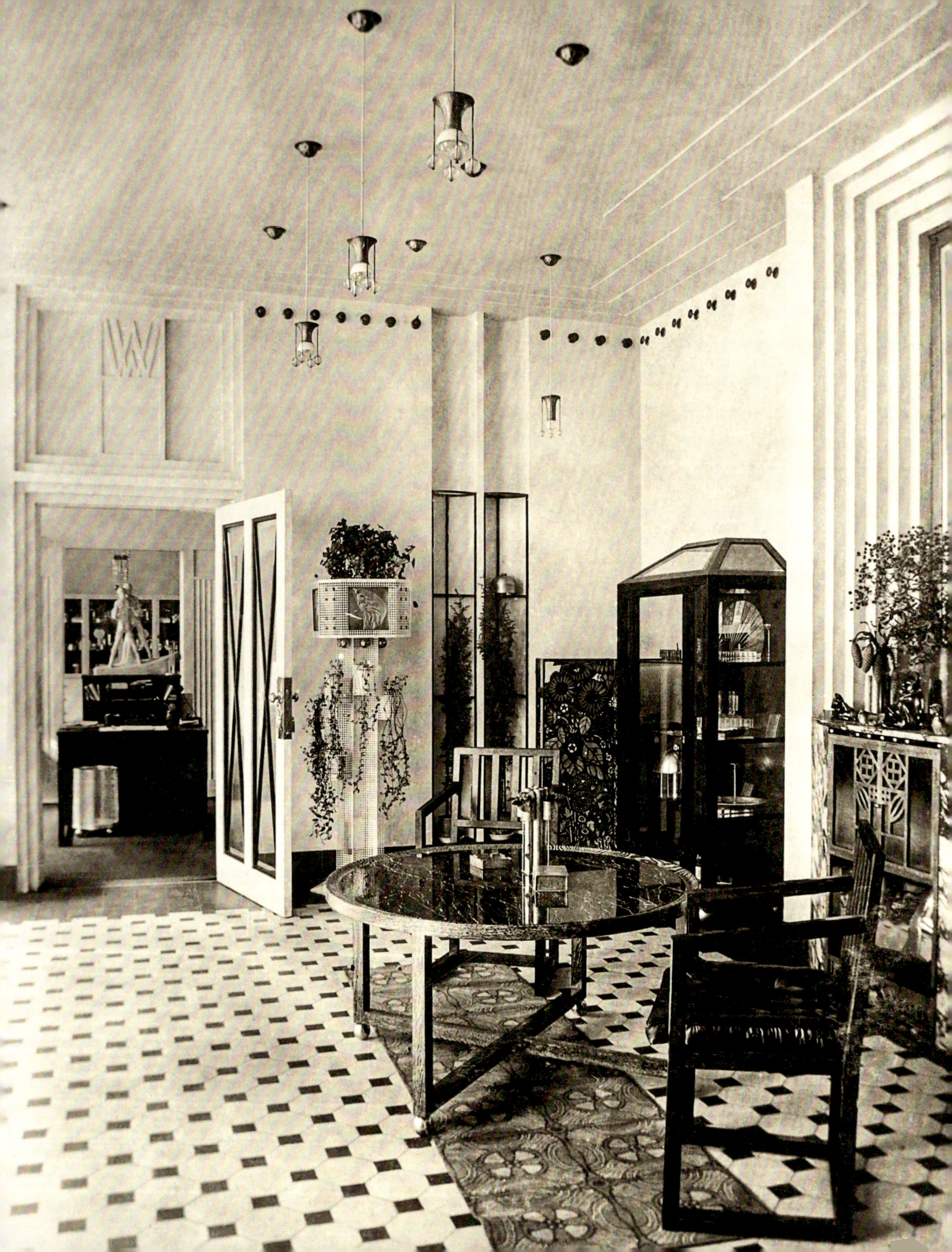

le tout premier exemple de « cube blanc » comme système d'exposition : une enveloppe fonctionnelle réaménagée à chaque nouvelle exposition en fonction des besoins. Chaque manifestation s'inscrit ainsi dans son habitat particulier, son milieu ; et toute forme de purisme neutre se voit rehaussée d'aménagements. On ne jura plus que par l'œuvre d'art totale. Concepteurs, planificateurs, designers et décorateurs travaillèrent de concert pour une impression d'ensemble globale, foisonnante, totale. Les différents domaines de l'art, chacun responsable d'un certain savoir-faire, interagissaient comme s'ils avaient toujours voulu entonner ensemble l'hymne du grand tout. Vu sous cet angle, ils produisaient une couverture, un camouflage. Vu sous cet angle, ils entretenaient tous le culte de leur empereur : ils se concentraient sur l'impérial, la responsabilité générale, l'union des contradictions et des contraires. Ils se concentraient sur la majesté. Or, tout comme en politique, cette certitude s'avéra de plus en plus difficile à conserver en esthétique.

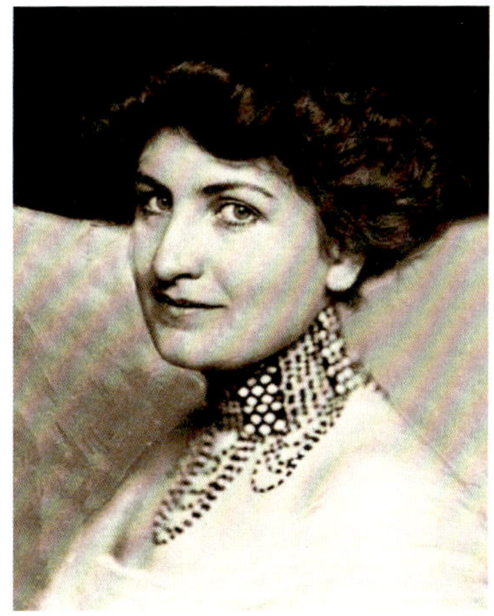

Madame d'Ora
Alma Mahler portant des bijoux dessinés par Koloman Moser, 1904 ou 1909

La grande inconséquence

En 1910, la première d'un spectacle requiert la totalité des effectifs musicaux d'une ville. Gustav Mahler (1860–1911), figure de proue de la musique à Vienne, dirige pour la première fois sa *8e symphonie*, qui fait intervenir pas moins de 858 chanteurs et 171 musiciens d'orchestre. C'est peut-être là son plus grand succès artistique. L'année suivante, l'écrivain le plus important de la ville en question en fait le héros de l'une de ses plus célèbres nouvelles : dans *La Mort à Venise*, Thomas Mann (1875–1955) immortalise Mahler sous les traits de Gustav Aschenbach. Thomas Mann ? Oui, car ce n'est pas à Vienne que s'accomplit le triomphe de Mahler, mais à Munich. Vienne, sa ville de résidence, l'a nommé directeur de l'Opéra en 1897, mais jamais Mahler n'a pu y créer l'une de ses symphonies (du moins de son vivant : la dernière symphonie du compositeur, la 9e, ne sera créée à Vienne qu' en 1912, après sa mort). Dans l' ensemble, Mahler rencontre beaucoup d'adversité à Vienne, à tel point qu'en 1907, il renonce à son poste prestigieux et part s'installer à New York. L'antisémitisme, cette abomination concomitante de la modernité, dont Vienne fut l'un des points de départ, le mit à mal dès le début, comme beaucoup d'autres.

Mahler est l'une des figures emblématiques du culte de l'art tel qu'il se réalise dans l'enthousiasme total et le pressentiment d'éternité. Ce culte de l'art connaît peut-être sa manifestation la plus sensationnelle en 1902. Le bâtiment de la Sécession abrite alors l'exposition « Beethoven ». C'était là un hommage rendu par les artistes viennois à un autre artiste, Max Klinger (1857–1920). Originaire de Leipzig, ce dernier avait réalisé une sta-tue colossale qui devait constituer le clou de l'exposition. La sculpture imposante était elle-même un hommage à un autre artiste : Ludwig van Beethoven (1770–1827 ; ill. p. 21). Des artistes honorent un artiste qui honore un autre artiste. Dans cette apothéose du culte de l'art, le réflexe de l'autoréférence allait de soi. Les peintres s'enthousiasmaient pour une sculpture qui référait quant à elle à un compositeur, et l'on avait ainsi là la confirmation suprême de l'hymne entonné en l'honneur de la jouissance esthétique. Tous les arts se regroupaient et n'étaient plus qu'un dans la totalité de l'art.

L'ambiance était sérieuse, parfois acerbe et souvent dénuée de tout humour. Mais il y avait aussi, pour la première fois, un souci de qualité jusqu'alors inconnu. Gustav Mahler, notamment, s'en fit le garant. À l'occasion de l'exposition « Beethoven », il avait imaginé une paraphrase pour le maître. Au fond, Mahler était connu pour l'exaltation de l'impression et de l'expression qu'il établit également à l'Opéra. Il fut le premier à diriger debout, et non assis. Et le premier, aussi, à utiliser ses deux mains pour donner des indications à l'orchestre. Ce qui nous paraît aujourd'hui évident prenait forme à l'époque. L'art était mis en scène de manière plus dense que jamais. Et les œuvres – quelles qu'elles soient : pièces musicales, tableaux ou intérieurs – gagnaient indéniablement à être présentées avec ce sérieux nouveau.

L'année 1902 est aussi celle du mariage de Gustav Mahler avec celle qui entrera dans l'histoire sous le nom d'Alma Schindler-Mahler-Gropius-Werfel (1879–1964 ; ill. p. 23, 88), également connue comme la maîtresse désespérée de Kokoschka. Et voilà comment Mahler lui vante la vie à deux : « Tu n'as désormais qu'une seule profession – me rendre

Salle d'exposition de la Wiener Werkstätte, 1904

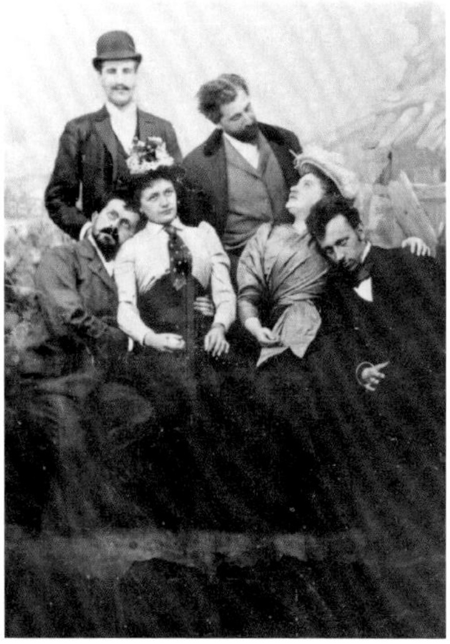

Sortie au Prater, vers 1894
De gauche à droite : Hugo von Hofmannsthal et Arthur Schnitzler (debout), Richard Beer-Hofmann et Felix Salten (assis), en compagnie de « grisettes »

heureux. […] Tu dois […] soumettre ta vie future, dans tous ses détails, à mes besoins et ne rien désirer que mon amour[14]. » Même dans ces quelques lignes, on peut dire que Malher est très représentatif de ce qui se passe dans la Vienne des années 1900. Il y avait, certes, l'influente pacifiste Bertha von Suttner (1843–1914), la défenseure des droits de la femme Rosa Mayreder (1858–1938), la pédagogue réformiste Eugenie Schwarzwald (1872–1940), et à la Wiener Werkstätte, la préférence allait parfois à des femmes dans les domaines du textile et de la joaillerie, surtout dans les dernières années. Mais au-delà de ces quelques exceptions régnait partout et en tout lieu un patriarcat des plus anciens.

Les femmes sont modèles et muses. Au mieux, on leur rend visite et on les admire, si elles tiennent salon : ce sont des hôtesses, des épouses et des protectrices, qui investissent dans la culture l'argent rapporté par les affaires de leurs époux. Les collectionneuses se font volontiers portraiturer par Klimt et demandent à la Wiener Werkstätte de décorer leurs appartements viennois et leurs résidences secondaires. Elles portent les patronymes Gallia, Knips, Lederer, Primavesi ou encore Bloch-Bauer. À leur manière, elles font ainsi partie de la « communauté idéale » de la culture viennoise, que Klimt célébrait comme l'union des créateurs et des jouisseurs.

Mais souvent, elles ne portent aucun nom. Elles posent alors dans l'atelier des artistes, autorisent les regards sur leur chair, entre leurs cuisses, acceptant d'être le prétexte à des études dans lesquelles Klimt, Kokoschka ou Egon Schiele (1890–1918) amalgament le rôle du maître et celui de l'homme. On murmure tout bas que Klimt s'entoure d'un véritable harem, qu'il dispose de filles en abondance qu'il appelle au besoin et fait poser dans une sorte d'abandon touchant à l'égotisme et au somnambulisme. Avec ses modèles bien trop jeunes, Schiele eut droit quant à lui à un procès et une mise en détention provisoire. La représentation de la sexualité était plus directe chez lui et, surtout, sa vie sexuelle faisait partie intégrante de la représentation. Si Klimt revendiquait la légèreté (ill. p. 4), Schiele forçait l'attachement (ill. p. 25). Le pornographique était présent dans la production artistique de l'un comme de l'autre. Kokoschka, lui, interdisait à ses modèles de rester immobiles (ill. p. 67). Leurs corps sont maigres, quasi décharnés, mais ils expriment aussi un certain dynamisme et évoluent très naturellement dans l'espace. Le lien avec la danse expressionniste, telle que sa bonne amie Grete Wiesenthal (1885–1970 ; ill. p. 84)) la présentait à l'époque sur scène, est délibéré. À l'évidence, les corps sont habités par un besoin de s'exprimer. D'un autre côté, leur rébellion semble purement somatique : l'émancipation que Kokoschka accorde à ses modèles, de façon plus éloquente que ses confrères Klimt et Schiele, ne s'exprime que dans le mouvement corporel. Elle n'est pas de l'ordre de la conscience.

Dans son autobiographie *Une Jeunesse viennoise*, Arthur Schnitzler se remémore l'échange suivant avec son père : « Au cours de notre entretien je ne pus me retenir de lui demander comment un jeune homme devait donc s'y prendre, en réalité, pour ne pas contrevenir soit aux exigences de la morale, soit à celles du monde ou de l'hygiène. Se comporter en séducteur, commettre l'adultère étaient interdits, les liaisons avec des cocottes et des actrices, risquées et coûteuses, et à part cela il y avait encore une certaine sorte de jeunes filles, pour ainsi dire convenables, qui, certes, s'étaient déjà écartées des sentiers de la vertu mais par lesquelles on pouvait tout aussi bien "se faire coincer" – selon l'expression de mon père – que par une jeune fille séduite ; il ne restait donc vraiment que les femmes légères, ce qui, même si l'on savait préserver sa santé, avait toujours un côté assez répugnant. Et j'émis la prétention que mon père me donnât lui-même un conseil. Il ne s'engagea pas dans un débat approfondi, mais avec un geste de la main qui réglait définitivement le problème, il prononça ces paroles aussi obscures que simples "on laisse tomber"[15]. »

La coexistence de la tabouisation et de la permissivité, impliquant la divinisation ou l'exploitation de la femme selon son rang social, est en tout cas une constante de la culture dans la Vienne des années 1900 (ill. p. 24). Il y a une expression pour le dire : double morale. Ou, comme le formulait le critique Friedrich Michael Fels s'adressant à son public en 1891 : « Vous ne pourrez pas nous priver de ce témoignage : en nous montrant socialistes aujourd'hui, individualistes demain et encore autre chose après-demain, nous sommes restés conséquents dans une chose au moins : notre grande inconséquence[16]. » Cette grande inconséquence, d'ailleurs, ne concerne pas que la sexualité. Elle s'étend aussi à la propension à la violence, telle qu'elle se manifeste socialement (dans l'engouement croissant pour tout ce qui touche au militaire – et donc pour le duel), politiquement (notamment au travers de l'antisémitisme, mais aussi de la vulgarisation croissante des formes correctes dans la vie parlementaire) et, pédagogiquement (avec des mesures éducatives et correctionnelles absurdes). Dans les circonstances de l'époque, l'intérieur et l'extérieur ne pouvaient se correspondre. Un sens de l'honneur exacerbé, la tendance à « laisser tomber », pour reprendre le terme du père de Schnitzler, la peur du scandale et l'acceptation sociale strictement codifiée des incartades menaient à une confusion bien connue. Et l'issue permettant d'échapper aux affres d'une double morale souvent menaçante est bien connue aussi : c'est le suicide. Les agonies, comme le montre Hofmannsthal dans son introduction à *Anatole*, accompagnent les épisodes. La ville regorge d'histoires qui racontent la trop grande proximité entre les affres de la mort et la légèreté.

Celle-ci, par exemple : en date du 12 septembre 1908, Richard Gerstl (1883–1908) ose le nu total (ill. p. 65). Son corps entier apparaissant dans son entière nudité, Gerstl se donne à voir, maigre, le corps émacié et l'âme écorchée. Le décor est celui de sa chambre, Gerstl y est seul avec lui-même et sa véhémence. Ce qui l'a poussé aux extrêmes, à tel point que sa silhouette fragile ne peut entrer pleinement dans le tableau, c'est ce qui est au centre, au sens propre et figuré : ce qui saute aux yeux, dans des teintes sombres, c'est le sexe du personnage. Il faut dire que, dans les mois qui ont précédé, Gerstl y a consacré tant d'énergie qu'il s'en est retrouvé isolé socialement. Il est question d'une aventure avec une femme mariée. L'époux, du reste, était une figure incontournable de la Vienne des années 1900 :

Egon Schiele
Couple de femmes amoureuses, 1915
Mine de plomb et gouache,
32,8 x 49,7 cm
Vienne, Albertina

Alors que l'une des deux femmes est représentée de façon naturaliste, la seconde fait l'effet d'une marionnette désarticulée.

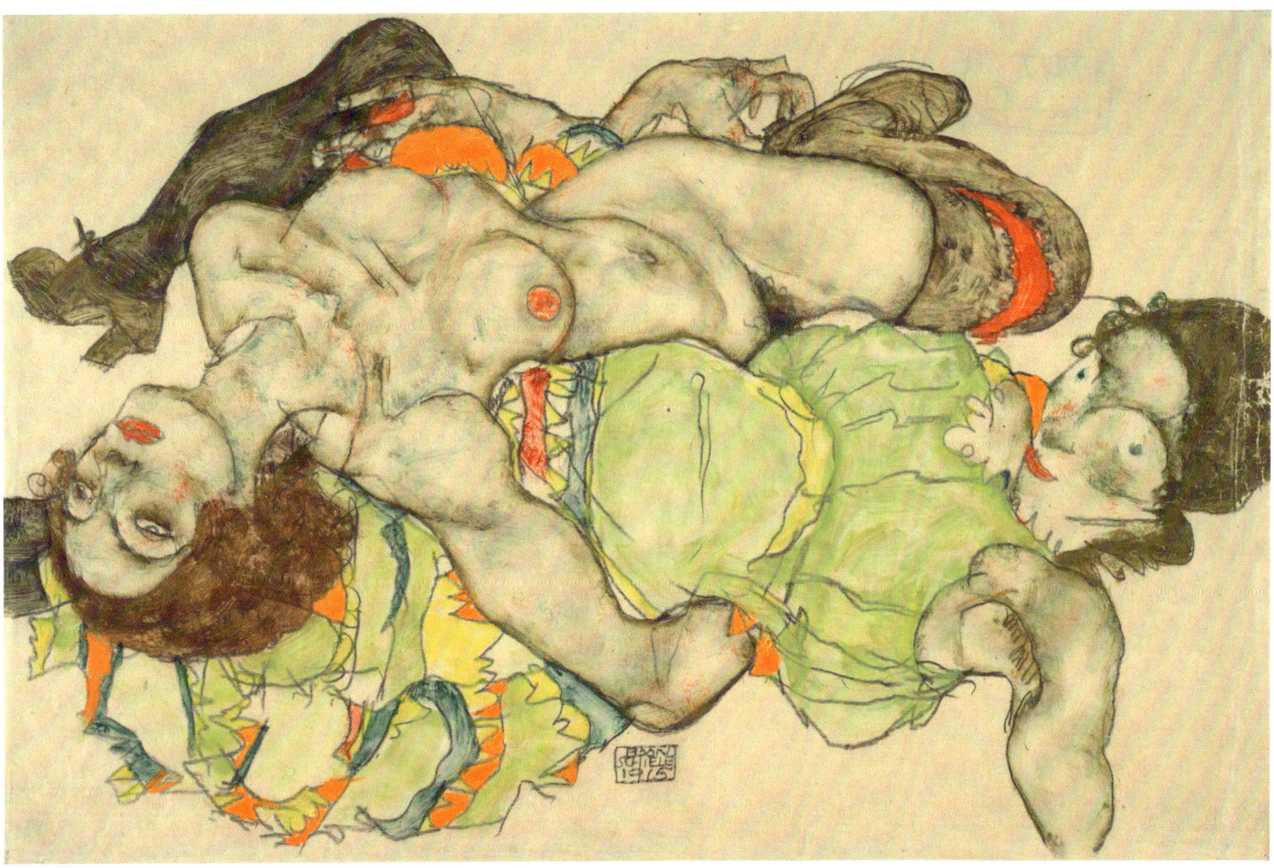

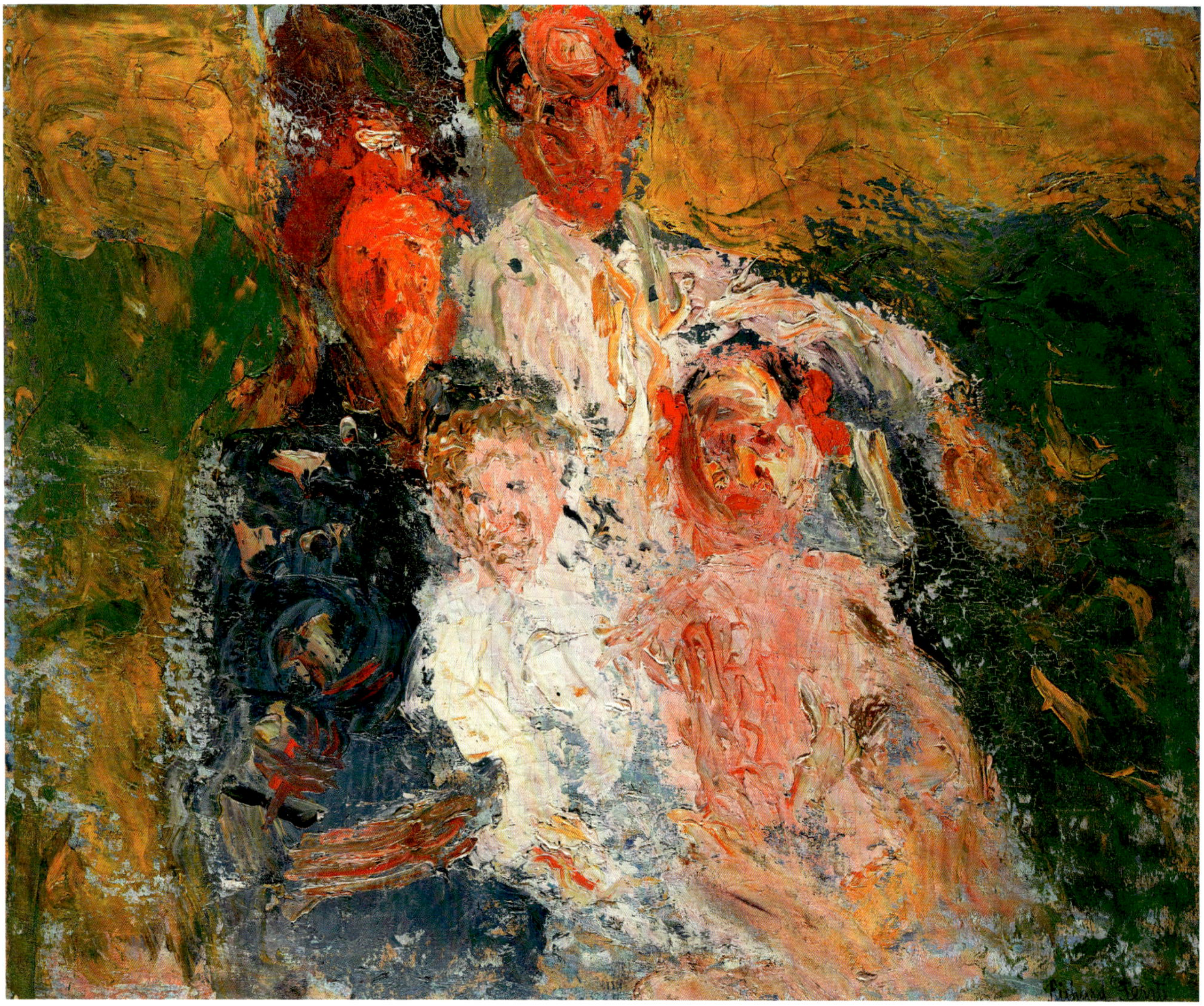

Richard Gerstl
La Famille Schönberg, 1907
Huile sur toile, 88 x 109 cm
Vienne, Belvedere

le compositeur Arnold Schönberg (1874–1951), qui avait demandé à Gerstl de lui enseigner son art (ill. p. 28, 73). S'ensuivirent une amitié, l'intégration au sein du cercle exclusif qui entourait le compositeur, des villégiatures d'été (ill. p. 26) et de nombreux portraits de fidèles et autres âmes sœurs. Mais aussi une liaison amoureuse avec Mathilde Schönberg (1877–1923; ill. p. 29), la fuite des amoureux, le retour repentant et lourd de remords auprès du mari et des enfants. Inflexible, impossible et inconvenant au plus haut point, Gerstl se retrouve seul. Il se suicide le 4 novembre 1908, usant à la fois de la corde et du couteau.

Ou encore, cette autre histoire: avec son frère Erwin (1886–1962) et sa sœur Lilith (1892–1952), Heinz Lang (1885–1904) fait partie de la «jeunesse dorée» de la ville. Erwin est le meilleur ami de Kokoschka, Lilith la lointaine dulcinée idolâtrée de façon très pubertaire dans *Les Garçons rêveurs*. Et voilà que Heinz Lang tombe amoureux fou de l' épouse d'un des plus grands pionniers de la modernité viennoise. Adolf Loos avait convolé en justes noces avec la jeune Lina Obertimpfler (1882–1950), une beauté très désirée, fille d'un cafetier dont l'établissement était installé dans le même immeuble que le salon de mode d'Emilie Flöge (1874–1952; ill. p. 87), la compagne de Klimt. Concernant la relation de Heinz Lang avec Lina Loos, dans le cercle des initiés, les tenants et les aboutissants étaient une fois de plus très simples, et il fallait régler cette situation impossible. Quand Heinz Lang se tourne vers Peter Altenberg (1859–1919), critique et pilier

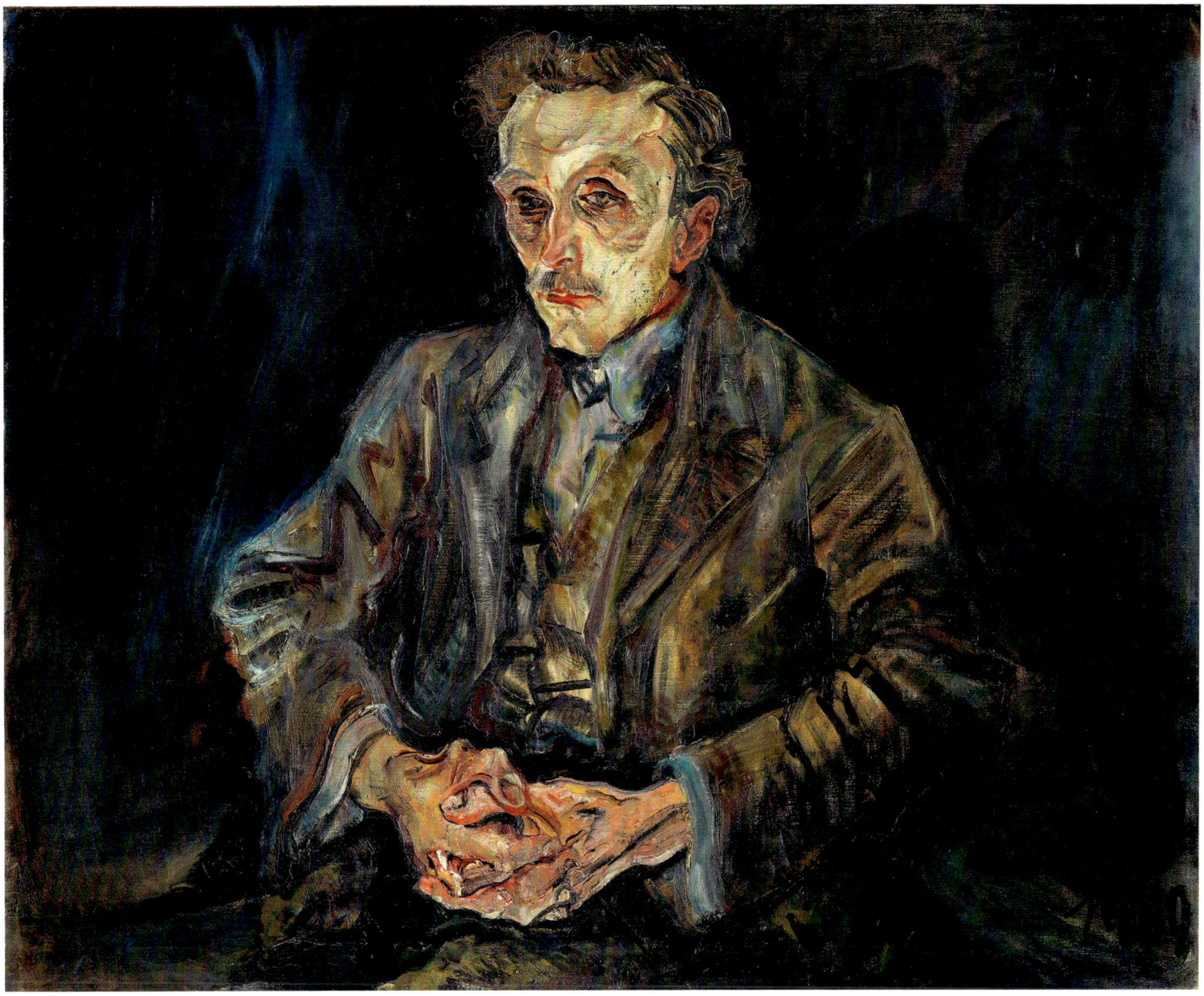

Oskar Kokoschka
L'Architecte viennois Adolf Loos, 1909
Huile sur toile, 74 x 91 cm
Berlin, Nationalgalerie, Staatliche Museen zu Berlin – Preußischer Kulturbesitz

de la littérature des cafés viennois, grand ami d'Adolf Loos et de Karl Kraus, Altenberg lui répond : « Ce que vous devriez faire ? Vous tirer une balle. Ce que vous ferez ? Continuer à vivre. Paisiblement. Parce que vous êtes aussi lâche que moi, aussi lâche que toute cette génération, intérieurement vide, parce que vous êtes un menteur comme moi[17]. » Lang se tira une balle. Il n' était pas le lâche que prétendait Altenberg. Peut-être œuvrait ici l' étrange code d'honneur qui, devant les impossibilités suscitées par la simultanéité de l'honorabilité et des hormones, ne connaissait qu'une seule issue. Peut-être Heinz Lang était-il aussi le représentant d'une forme particulière d'orthodoxie, d'une rigueur envers soi-même et d'un rigorisme face aux obligations sociales. Scandale ou pas, Heinz Lang faisait partie du cercle Kokoschka-Loos-Kraus (ill. p. 27, 30, 31). Et c'est ce cercle qui inculqua à la culture viennoise des années 1900 un dogmatisme bien spécial : une grande conséquence dans la grande inconséquence.

L'urne et le pot de chambre

En matière de modernité radicale, les grands précepteurs viennois sont Adolf Loos et Karl Kraus, tous deux nés dans les années 1870, zélateurs et puristes. La pureté de la langue, écrite ou parlée, sur des objets ou des bâtiments, est pour eux la première, la seule et l'unique prémisse. Karl Kraus résuma leur programme par ce bon mot : « Adolf Loos et moi-même, lui littéralement, moi verbalement, n'avons rien fait d'autre que de montrer

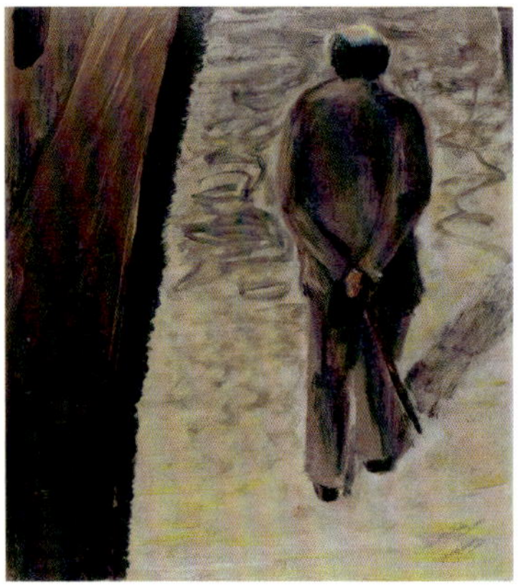

Arnold Schönberg
Autoportrait, marchant, 1911
Huile sur carton, 49 x 44,9 cm
Vienne, Arnold Schönberg Center

qu'il y a une différence entre une urne et un pot de chambre et que cette différence est un préalable sans lequel la culture ne saurait avoir de latitude. Les autres, cependant, les positivistes, se répartissent en deux groupes : ceux qui font de l'urne un pot de chambre et ceux qui font du pot de chambre une urne[18]. » C'est ce que l'on pouvait lire le 15 décembre 1913 dans *Die Fackel*, revue dont Kraus était devenu l'unique rédacteur puisqu'il était finalement le seul à pouvoir garantir l'intransigeance de ses exigences.

L'urne et le pot de chambre ; et, de l'autre côté, ceux que Kraus appelle les positivistes. Référence est ici faite aux Sécessionnistes, aux représentants de l'œuvre totale, aux célébrités du décoratif, qui mélangeaient et bouleversaient ce qui obéissait normalement à l'ordre du « c'est-ainsi-et-pas-autrement ». Ils dépensaient leur énergie dans le décor, et Kraus y voyait un signe de faiblesse – psychologique, sociale et, bien sûr, esthétique : « Qui n'a pas de caractère, tempêtait-t-il dans la revue *Die Fackel* du 9 avril 1910, se doit d'avoir de l'ornement. Je connais un auteur qui n'ose pas écrire le mot "scandale" et s'en voit réduit à utiliser le latin "scandalum". Car il faut en effet plus de force qu'il n'en a pour prononcer le mot "scandale" au moment opportun[19]. » C'était une insulte de plus. En 1908, Loos avait déjà donné le titre *Ornement et crime* à un écrit qui, s'il ne fut diffusé que lentement, déclencha une fureur inouïe de par son titre (ill. p. 70). Mais il faut faire preuve de discernement : Loos reliait les deux termes par la conjonction « et », sans établir une équivalence qu'aurait eue l'utilisation du verbe « est ». Pour le passé, Loos acceptait en effet l'ornement. Dans le présent, en revanche, il était à incriminer, à éliminer, à bannir – au même titre que ses défenseurs.

À l'inverse de ce qu'affectionnaient les Sécessionnistes, aucun intérieur de Loos n'est le résultat d'un seul moule et d'un seul goût. Loos proposait ainsi une autre option que l'insertion dans un décor global. Il s'agissait de sélectionner pas à pas, objet après objet, et de choisir ce qu'il y avait de meilleur dans chaque cas. Que Loos apporte ensuite une touche créative aux meubles parfaits fournis par les artisans s'explique finalement par l'acharnement de ses opposants. Fort de ses convictions, il voulait montrer à ses rivaux de quel bois il se chauffait – et le démontrer par ses propres esquisses. A posteriori, la supériorité de Loos s'affiche tout particulièrement dans son raisonnement, dans la rationalité froide de ses concepts, dans son côté – pour utiliser un terme qui n'est pas de son temps – *cool*.

En témoigne son appel au public : « Pour vos appartements, vous avez toujours raison. Vous, et personne d'autre[20]. » Face à l'esthétique hyperraffinée et hyperonéreuse de l'œuvre d'art totale, il réunit la force de persuasion et la connaissance de l'être humain. Mais ce ne serait pas Loos si sa déclaration se passait premièrement d'originalité, deuxièmement de polémique : « Quand quelqu'un disposait de 1 000 couronnes et voulait aménager un appartement pour un résultat qui aurait l'air d'en valoir 5 000, il venait me voir. J'étais devenu expert en la matière. Ceux qui, en revanche, possédaient 5 000 couronnes et voulaient les dépenser dans une table de chevet allaient voir un autre architecte. Comme la première catégorie de gens est bien plus répandue que la seconde, j'eus beaucoup à faire[21]. »

Dans leur opposition à tout amalgame, Kraus et Loos étaient en quelque sorte des combattants solitaires. Les exigences de pureté et de qualité propre dans l'aménagement des phrases comme des espaces devaient partir du cas particulier. À partir de l'apparition singulière, il était alors possible de généraliser purisme et combativité. Ils constituaient une sorte d'élite, le café viennois étant leur lieu de recrutement. Peter Altenberg était considéré comme leur homologue en matière de littérature. Kokoschka vint grossir les rangs un peu plus tard. Le règlement était tout à fait comparable à celui du groupe rassemblé autour de Klimt : on ne jurait que par rapprochement d'idées et l'on sollicitait le soutien de collectionneurs issus de la (grande) bourgeoisie. Comme dans la « communauté idéale » que Klimt et la Wiener Werkstätte approvisionnaient avec leurs commandes spéciales, les commanditaires de Loos étaient souvent ceux de Kokoschka. Ils s'appe-laient Goldman ou Ebenstein et, chez eux aussi, l'agencement de l'un se voyait accompagné d'un portrait de l'autre. Dans la pratique, les combats n'étaient pas si différents de ce que l'on voulait bien postuler. Aussi la théorie se devait-elle de renforcer la distinction : on pourrait dire que se développèrent à Vienne les deux propositions que nous évoquons toujours aujourd'hui en matière d'aménagement. Les éléments doivent-ils s'accorder ? Ou bien les choisit-on selon le critère d'évidence de chaque pièce pour elle-même ? Pour le dire avec les notions clés : privilégie-t-on l'œuvre d'art totale ou l'autonomie esthétique ?

On pourrait aussi catégoriser à partir des mentalités. Chez les partisans de l'œuvre d'art totale, on remarquera une certaine souplesse, une caractéristique souvent dite propre à l'Autriche, qui s'adapte volontiers à la situation. De l'autre côté se trouvent les défenseurs d'un programme très strict, des rigoristes avides d'une autodétermination ardente. Pour la modernité de plus en plus orthodoxe du 20e siècle, le camp qui sera

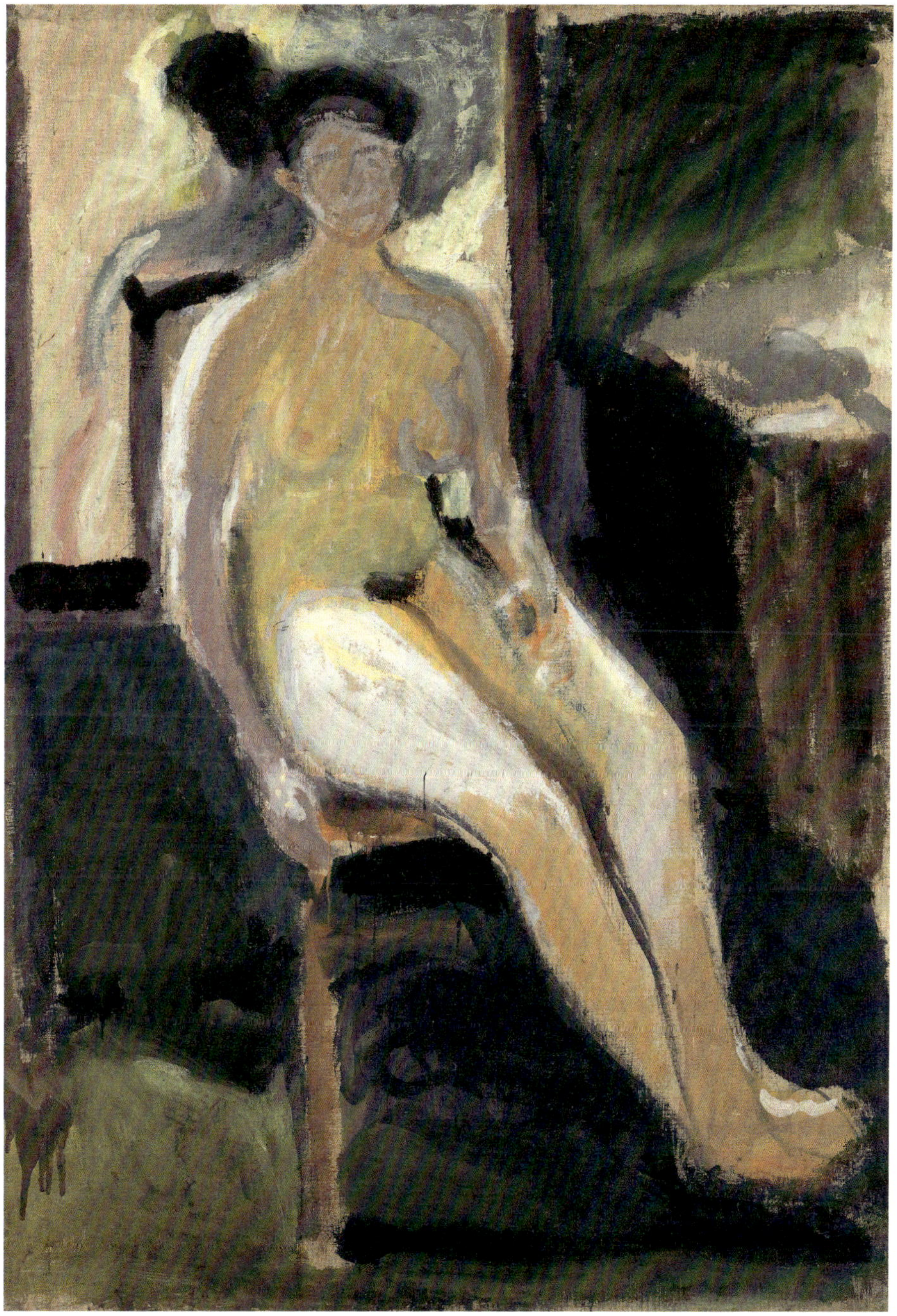

Richard Gerstl
Nu féminin assis, 1908
Détrempe sur toile, 166 x 116 cm
Vienne, Leopold Museum

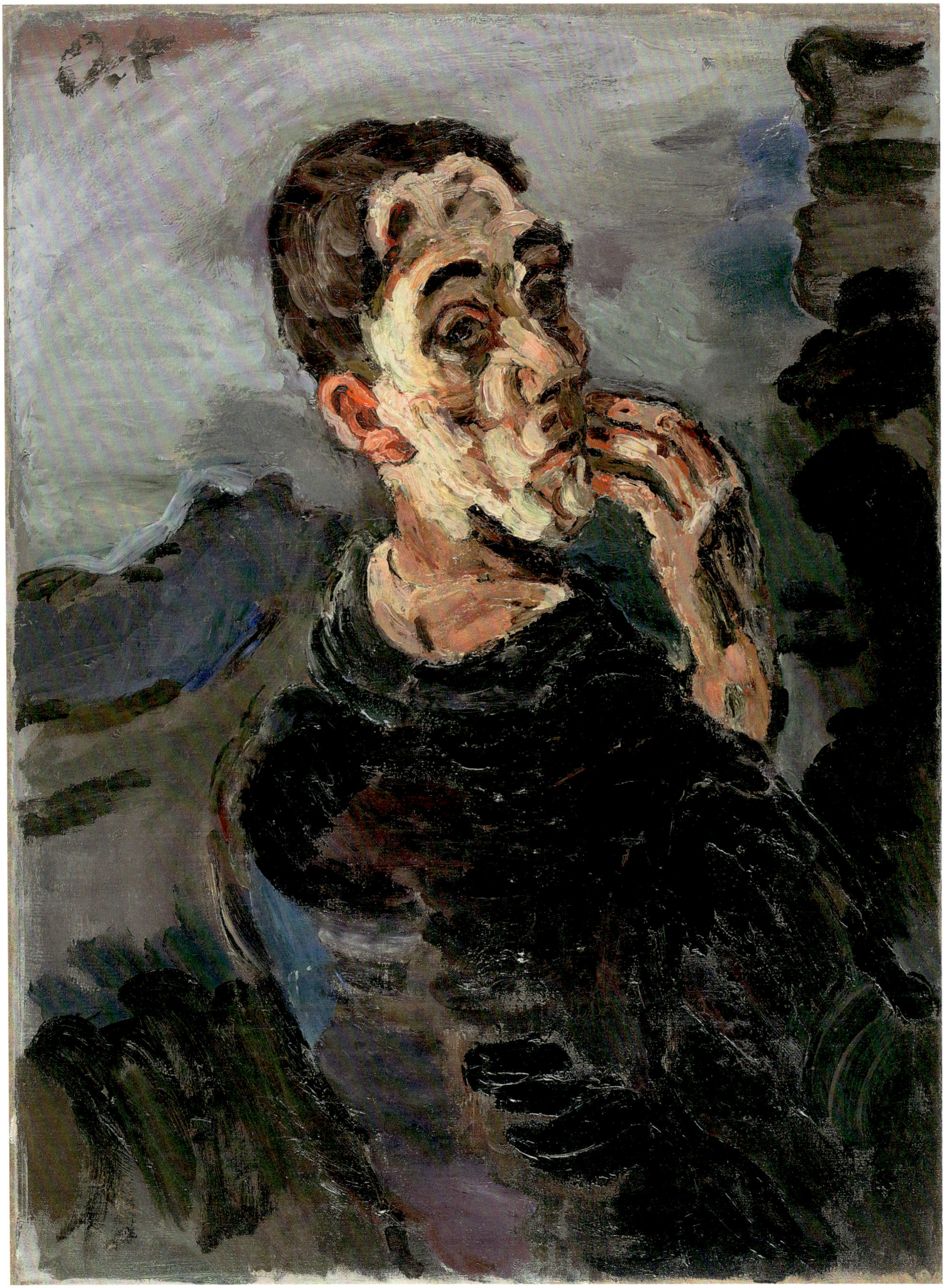

habilité à délivrer son héritage ne fait aucun doute. Kraus deviendra l'un des aïeux vénérés de la critique linguistique et des sciences du langage, Loos l'un des idéologues peut-être les plus éminents de l'architecture moderniste. C'est à lui que l'on doit la répartition libre des espaces intérieurs, au-delà des étages et des cloisons, jusqu'aux éléments de la façade – ce que Loos appelait le *Raumplan*, une sorte de projection en trois dimensions de l'espace. Quant à Kokoschka, il deviendra comme peintre une autre figure emblématique, forcée d'émigrer d'une capitale à l'autre, témoin artistique d'un siècle entier. Mentionnons encore ici un autre membre du cercle : Egon Friedell (1878–1938). Son *Histoire culturelle des temps modernes,* publiée de 1927 à 1931 après de considérables recherches préliminaires, fait de lui l'auteur de ce que l'on pourrait considérer comme le plus important essai jamais rédigé à Vienne.

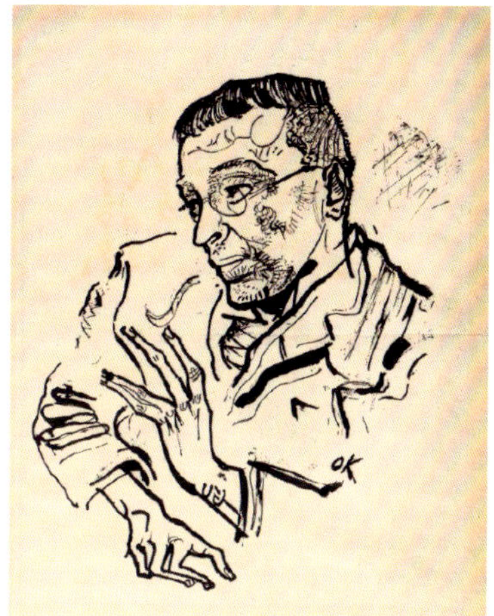

Oskar Kokoschka
Portrait dessiné de Karl Kraus I, 1909
Lithographie

Avec le début de la Première Guerre mondiale, la Vienne des années 1900 entame son agonie – et il n'y a là rien d'épisodique. Nombre des artistes majeurs sont jeunes et donc appelés sous les drapeaux. Les plus âgés redoublent de persévérance, mais la communauté des créateurs et des jouisseurs a perdu son enthousiasme. Dès le début de la décennie, Klimt avait délaissé les ors, s'ouvrant, certes de loin, mais dans un effort visible, aux nouvelles tendances qui se répandaient alors, notamment depuis Paris – le tableau étant considéré comme de la couleur sur une toile, sans décor ni stratification (ill. p. 91). Chez Schiele aussi, un certain changement se fait jour : son langage esthétique si extatique s'apaise, s'aplanit et revêt une froideur qui annonce la Nouvelle Objectivité (ill. p. 95).

L'année 1918 est l'année de toutes les ruptures. La monarchie disparaît, et avec elle un empire. Sa capitale, devenue monstre hydrocéphale sans forme, ne sait à quel saint social, politique et culturel se vouer. Les figures majeures de cet « âge d'or » se retrouvent sacrifiées sur l'autel de l'Histoire. Klimt, Wagner, Moser et Schiele meurent l'un après l'autre, ce dernier déclarant à ce que l'on dit : « La guerre est finie et je dois partir. »

Jusqu'au bout, la culture viennoise aura misé sur l'individualisme. L'œuvre d'art totale pouvait bien mettre l'accent sur le tout et le général, elle restait exclusive et excentrique. Et l'esthétique de l'autonomie des fidèles de Loos se concentrait de toute façon sur le cas particulier. Si l'on fait abstraction de l'urne, du pot de chambre et de tout l'entre-deux, Vienne était avant tout un melting pot. Jusqu'en 1918, ce creuset avait un garant qui empêchait tout débordement : l'empereur et l'« immémorialité » qu'il représentait. C'était là ce qui donnait une forme, une structure, au tumulte de la ville. Le danger de voir cette totalité verser dans le totalitarisme était hors de mise – et cela allait changer après la guerre, ce qui explique notamment que l'après-guerre fût aussi une avant-guerre.

En 1921, la position psychanalytique de départ de Sigmund Freud prend un tour nouveau. Son essai *Psychologie des masses et analyse du moi* tente d'ouvrir son enseignement – très viennois de par le rôle majeur qu'y jouent l'individu et son histoire propre – à un nouveau phénomène révolutionnaire : la masse. Pour qu'elle fonctionne, dit Freud, il est nécessaire de déléguer à une instance qui émane d'une certaine volonté collective. La masse devient le mot clé, le phénomène majeur de l'époque à venir. Et celui qui, de façon jusqu'alors impensable, va drainer la volonté collective dans son sillage est issu de la Vienne des années 1900. Il a connu cette ville et sa culture, mais d'en bas, sans raffinement, dans ce qu'elle a de plus ordinaire. Mais il l'a connue. Adolf Hitler (1889–1945) va dès lors entrer en possession de son héritage si particulier. Et tout ce qui reposait auparavant sur un équilibre précaire explosera alors avec une violence inouïe. Le cadre fragile n'était rien de moins que le secret de fonctionnement de la culture viennoise des années 1900 : de belles formules pour choses atroces.

Oskar Kokoschka
Autoportrait, une main au visage, 1918/19
Huile sur toile, 83,6 x 62,7 cm
Vienne, Leopold Museum

Gustav Klimt
Salle de l'ancien Burgtheater, 1888

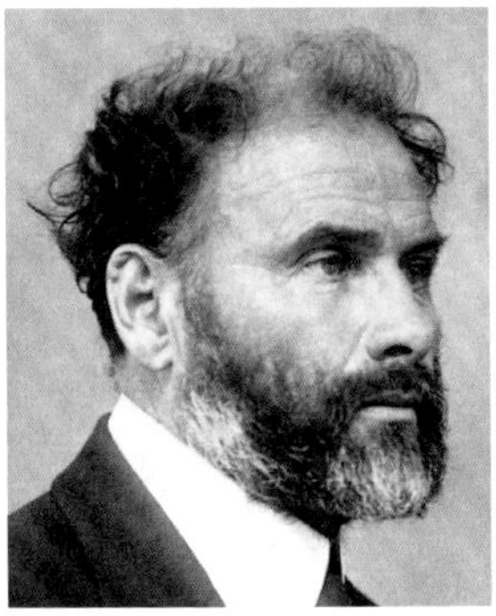

* 1862 à Baumgarten
† 1918 à Vienne

Klimt devenant Klimt : dans un acte de minutie extrême, le maître qu'il ambitionne de devenir à vingt-six ans fixe sur le papier près de deux cents portraits. Tous représentent des contemporains qui ont bien voulu se prêter au défilé et se faire tirer le portrait afin que le peintre les insère un à un dans le grand tableau de mœurs intitulé *Salle de l'ancien Burgtheater*. En décembre 1886, le conseil municipal de Vienne lui avait commandé une aquarelle. Raison de plus pour que les têtes y figurent en rangs serrés.

Si le travail exige moult esquisses et dessins préparatoires, ce n'est pas tant que l'artiste tienne à affûter ses talents. Il s'agit surtout, à travers quantité de croquis, d'appréhender et de placer dans la composition ces messieurs-dames soucieux d'être représentés à leur juste valeur dans l'œuvre. Klimt convoque ici un spectacle à part entière. C'est le public qui se trouve sur scène et qui, tant curieux du vrai, du bon et du beau que conscient d'être la classe cultivée, accepte de jouer son rôle.

Le décor est celui d'un édifice en lien architectural avec la Hofburg, érigé au centre-ville sur la Michaelerplatz : l'ancien Burgtheater qui, désormais, ne sert plus. On vient juste de bâtir un nouveau Burgtheater, une salle de spectacle célèbre, dans le nouvel ensemble de la Ringstrasse, qui s'éloigne du contexte royal et embrasse pleinement le caractère urbain de Vienne. Lorsque musées, parlement, bâtiments administratifs et immeubles résidentiels de grand standing auront été construits, c'est là, sur ce boulevard aux airs d'écrin à bijoux, que le mandarinat des familles et des individus immortalisés par Klimt dans ce tableau s'affirmera le mieux.

Quoi qu'il en soit, Klimt remplit à la perfection son rôle de portraitiste de la bourgeoisie aristocratique. Lorsque ce tableau est accroché à l'exposition annuelle de la Künstlerhaus de Vienne en 1890, il remporte le « prix de l'empereur », tout récemment créé et doté de 400 ducats. Bien des portraiturés commandent alors une réplique du portrait de groupe pour l'avoir à la maison. Fréquenter cette classe, qui donne le ton – non pas en politique où la vieille noblesse domine toujours – mais dans le domaine économique et surtout culturel, sera fort profitable à Klimt par la suite. Quand les commandes officielles se tariront, les commanditaires de nouveaux tableaux onéreux se recruteront justement auprès de ce public.

Prenons un groupe parmi l'offre foisonnante de Klimt. Au troisième balcon, troisième loge côté cour, on distingue trois personnages, séparés par un pilier soutenant la galerie : un homme flanqué de deux dames, celle de droite portant un chapeau volumineux. Il s'agit de la jeune Serena Pulitzer (1867–1943) – parente du fondateur du prix Pulitzer –, en compagnie de son oncle et de sa tante. Elle va bientôt épouser l'industriel August Lederer (1857–1936) dont la famille s'engagera par la suite maintes fois en faveur de Klimt. La maîtresse de maison demandera à Klimt de faire son portrait en 1899, sa fille Elisabeth fera de même en 1915. Lorsque Klimt sera contraint de racheter ses tableaux pour l'université, jugés scandaleux, Lederer interviendra. Et c'est aussi à Lederer que l'on doit le sauvetage de l'œuvre totale probablement la plus importante, la *Frise Beethoven* (ill. p. 20/21), jadis réalisée pour le palais de la Sécession. La relation profite à tous. RM

Salle de l'ancien Burgtheater, 1888
Aquarelle et gouaches rehaussées d'or, 82 x 92 cm
Vienne, Wien Museum

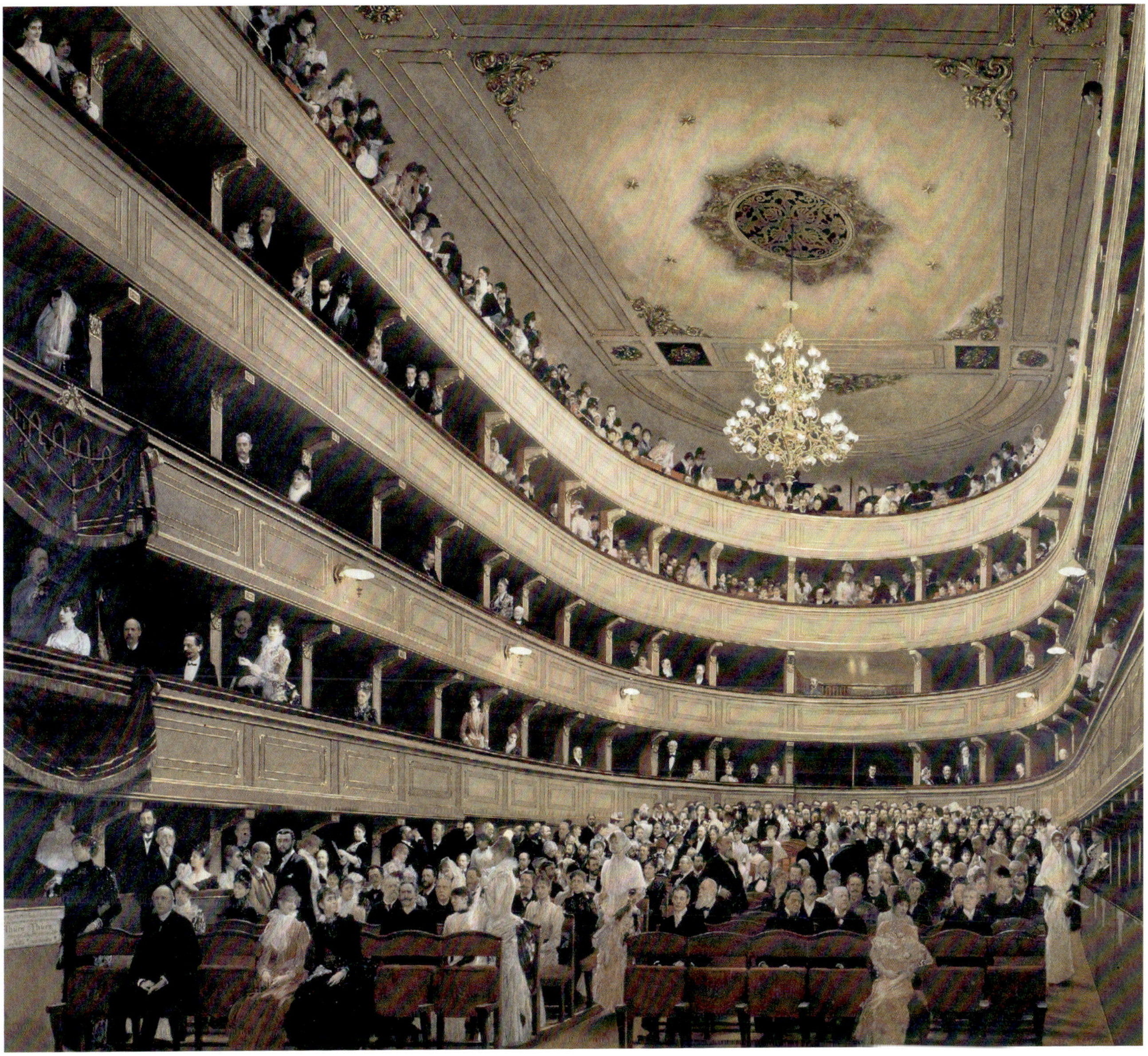

Joseph Maria Olbrich

Pavillon de la Sécession viennoise, 1898

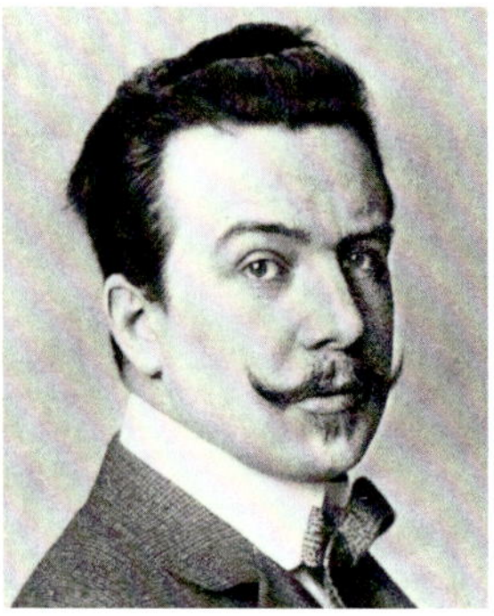

* 1867 à Troppau
† 1908 à Düsseldorf

PAGE 35
Pavillon de la Sécession viennoise, 1898

Joseph Maria Olbrich
Affiche pour la IIe Exposition de la Sécession, 1898
Vienne, Wien Museum

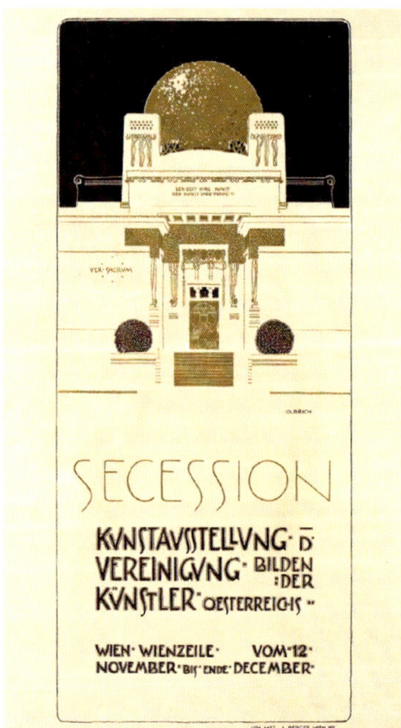

« À chaque époque son art – à l'art sa liberté », dit l'inscription gravée en lettres d'or sur le fronton du monument. Et effectivement : c'est à une libération que lon doit ce bâtiment. Le 3 avril 1897, un groupe d'artistes et d'architectes, dont Gustav Klimt, Koloman Moser et Josef Hoffmann, quitte la Künstlergenossenschaft, l'association artistique les représentant, et choisit un nom incarnant leur acte sécessionniste : Vereinigung Bildender Künstler Österreichs Wiener Secession (Association des artistes autrichiens de la Sécession viennoise), soit la Sécession. À l'instar de nombreux courants sociaux nés au tournant du 20e siècle, la notion de « réforme » les fascine. L'idéal historiciste tel que le propagent notamment le Ring (ill. p. 9) et, de fait, la société viennoise nest à leurs yeux qu'une creuse façade. Leur réforme ne vise pas seulement l'avènement urgent et nécessaire d'une redéfinition de l'art. Il en appelle aussi à l'union de l'art et de la vie en soi.

Dès la fondation du mouvement, il apparaît évident qu'il aura besoin de son propre pavillon dexposition. Sa conception incombe à l'architecte Joseph Maria Olbrich, alors âgé de 30 ans et cofondateur du mouvement. Le premier terrain choisi le long du Ring ne fait pas l'unanimité auprès de la scène politique locale qui préfèrerait ne pas avoir d'artistes rebelles à un emplacement aussi éminent. On trouve un autre terrain à bâtir sur la Karlplatz et la construction est financée par une exposition et par le soutien de mécènes privés tels Karl Wittgenstein (1847–1913), le père du philosophe Ludwig Wittgenstein (1889–1951).

Le pavillon est inauguré à peine six mois plus tard, en novembre 1898. Avec son crépi blanc, ses ouvertures réduites, sa symétrie, son entrée rappelant les porches sacrés, sa coupole sommitale en feuilles de laurier doré, la vision d'Olbrich s'apparente plus à un temple archaïque qu'à un bâtiment dexposition profane. Il déborde même de symbolisme entre le laurier, symbole de victoire, les références à Athéna, déesse de la sagesse, les chouettes et les tortues ainsi que trois têtes de méduse arborant les mots *Malerei, Architektur* et *Plastik* (respectivement peinture, architecture et sculpture). Si Olbrich opte pour une coupole, c'est en hommage à léglise baroque située en face et construite par Johann Bernhard Fischer von Erlach (1656–1723). Enfin, à gauche de lentrée, l'inscription *Ver Sacrum* (printemps sacré) renvoie à la revue éponyme, également fondée en 1898, et au vœu réformiste de renouveau. Pourtant, malgré toute cette symbolique picturale et sculpturale, le bâtiment de la Sécession reste un ouvrage essentiellement fonctionnel. Au fond, il s'agit offrir le meilleur des écrins à l'art qui y sera exposé. En comparaison, la pièce principale située derrière la coupole est plutôt épurée. Elle est surmontée d'une verrière offrant un éclairage homogène.

Le pavillon de la Sécession marque pour Olbrich le début d'une courte carrière internationale. En 1899, le grand-duc Ernst Ludwig von Hessen (1868–1937) le fait venir à Darmstadt. L'architecte contribuera alors considérablement au développement de la colonie d'artistes de Mathildenhöhe, haut-lieu du Jugendstil. En 1908, Olbrich meurt de leucémie à l'âge de 40 ans. La société des artistes de la Sécession viennoise existe encore de nos jours ; le bâtiment est depuis longtemps devenu lemblème du mouvement qui l'a fait naître. Il est considéré comme l'un des édifices Art nouveau les plus extraordinaires et a d'ailleurs contribué à ce que le courant porte à Vienne le même nom que le bâtiment : la Sécession. MN

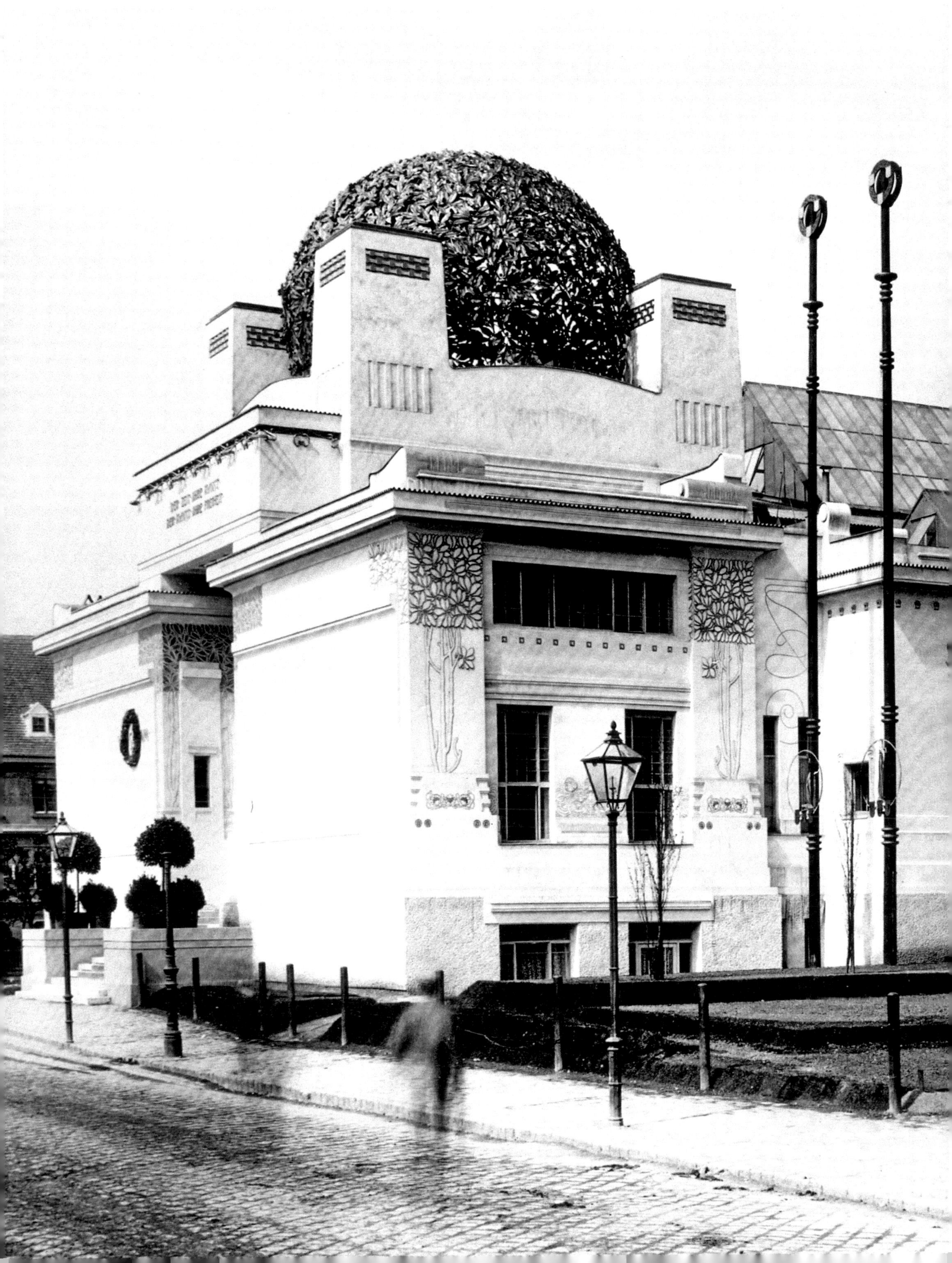

Alfred Roller

Couverture pour Ver Sacrum, 1898

Josef Maria Auchentaller

Page ornementale pour Ver Sacrum, 1898

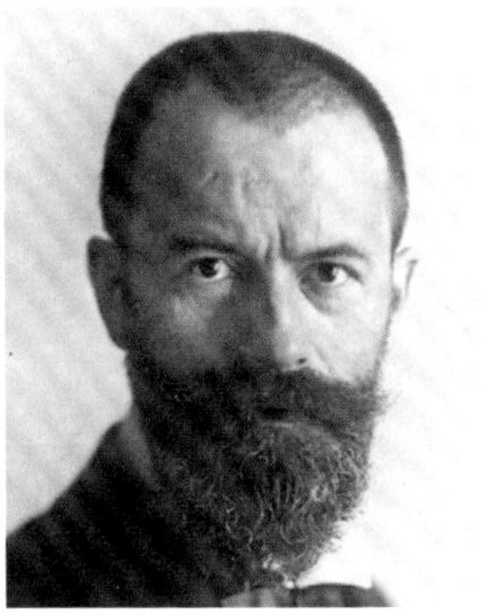

* 1864 à Brno
† 1935 à Vienne

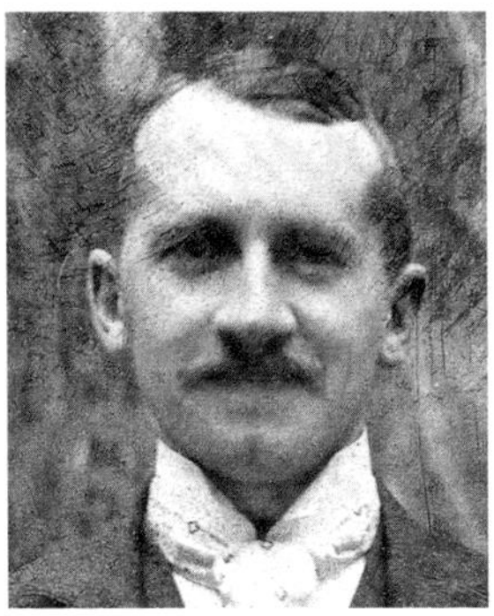

* 1865 à Vienne
† 1949 à Grado

Couverture et page ornementale pour Ver Sacrum
1re année, Janvier 1898

« Nous ne faisons aucun distinguo entre le "grand art" et l'"art mineur", entre l'art pour les riches et l'art pour les pauvres. L'art est un bien public », lit-on dans l'éditorial de la première édition de *Ver Sacrum*, l'organe officiel de la Sécession viennoise paru entre 1898 et 1903. Pour la couverture du premier numéro de ce *Printemps sacré*, Alfred Roller avait imaginé une illustration aussi puissante qu'annonciatrice : les racines d'un arbrisseau, en pleine floraison, font éclater la cuve en bois dans laquelle il est planté (ill. p. 37 en haut). La couronne du jeune arbre accueille trois blasons dédiés à la peinture, l'architecture et la sculpture. Dans les années qui suivront, cette triade sera reprise maintes fois sur les affiches du palais de la Sécession, dont la porte d'entrée est d'ailleurs surmontée de masques associés à ces termes.

À la vérité, *Ver Sacrum* se présente comme un support pour tous, et surtout pour toute chose, aussi bien au niveau local qu'international. La revue s'ouvre tant à la littérature qu'à la photographie, forme d'art encore jeune à l'époque. Le contenu textuel et visuel est émaillé de nombreux signets, vignettes et ornements singuliers. Au fond, la revue d'art dont les membres de la Sécession constituent le comité de rédaction se voit comme un livre d'échantillons de la *Flächenkunst*, l'art bidimensionnel, et de ses multiples applications.

Présenté sur une double page, le poème *Ver Sacrum* de l'écrivain autrichien Ferdinand von Saar (1833–1906) apparaît dans un décor exécuté par Josef Maria Auchentaller (ill. p. 37 en bas). Les vers liminaires annoncent : « Dehors encore dans l'univers vaste le printemps point. » L'illustration florale se veut vaste, elle aussi ; elle dépasse tout du moins le cadre de la page. Avec le temps, les artistes viennois de la *Flächenkunst* développeront un style plus sévère qui leur sera propre. Mais au tournant de siècle, on embrasse ouvertement le style floral du Jugendstil transrégional.

Dans le cas d'Auchentaller, né et formé à Vienne, ce n'est pas un hasard, car c'est à Munich qu'il a fait ses classes d'artiste indépendant. Dans la capitale bavaroise, il fréquente les membres de la Sécession munichoise et contribue par ailleurs à la revue *Jugend* – qui donnera son nom à l'époque même. Au sein de la Sécession viennoise, il est membre de la première génération. Il la quittera en 1905 avec le groupe rassemblé autour de Klimt. Tout comme Klimt pour la salle latérale gauche, il exécute pour la XIVe Exposition de la Sécession, la célèbre exposition « Beethoven », une frise destinée à la salle latérale droite, qu'il se partage avec son collègue Ferdinand Andri (1871–1956). Son œuvre, *Freude schöner Götterfunken*, brillamment nommée d'après les premiers vers du poème de Schiller repris dans l'*Ode à la joie*, et disparue au démontage de l'exposition, donnait à voir un bouillon aérien de draperies sur des corps nus. Le critique Ludwig Hevesi (1843–1910) en tirera une comparaison avec la danseuse Loïe Fuller (1862–1928), célèbre pour ses voiles.

Pour des raisons personnelles, l'artiste se coupe de plus en plus de la vie viennoise et s'installe à Grado, au bord de la mer Adriatique. Il consacre la plupart de son temps à la conception d'affiches : *Seebad Grado – Österreichisches Küstenland* est aujourd'hui encore un témoignage emblématique de la splendeur royale et impériale balnéaire.
DG

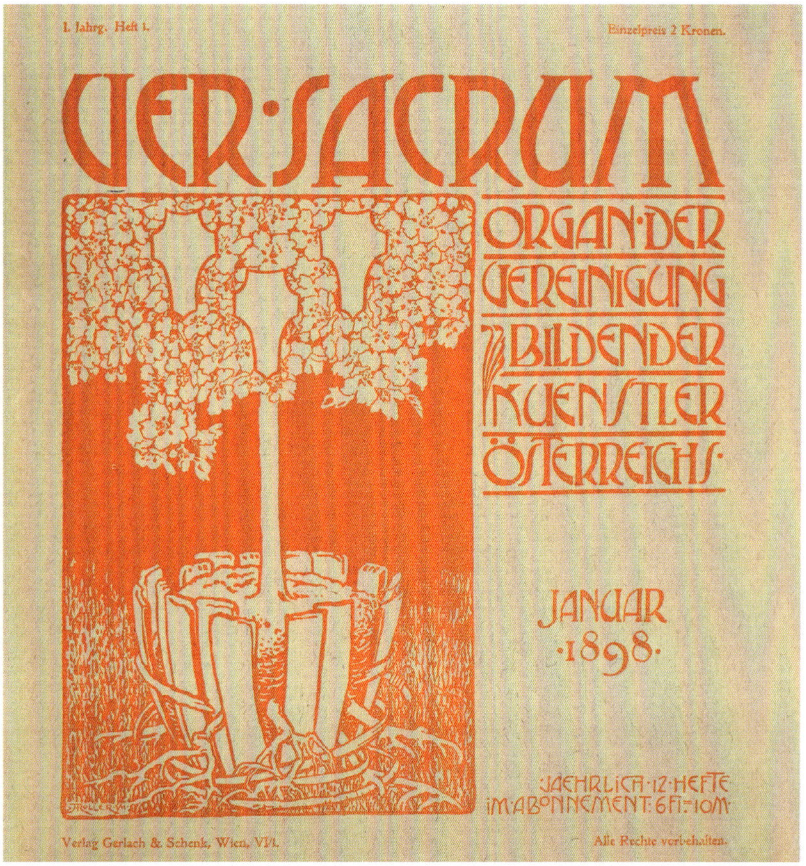

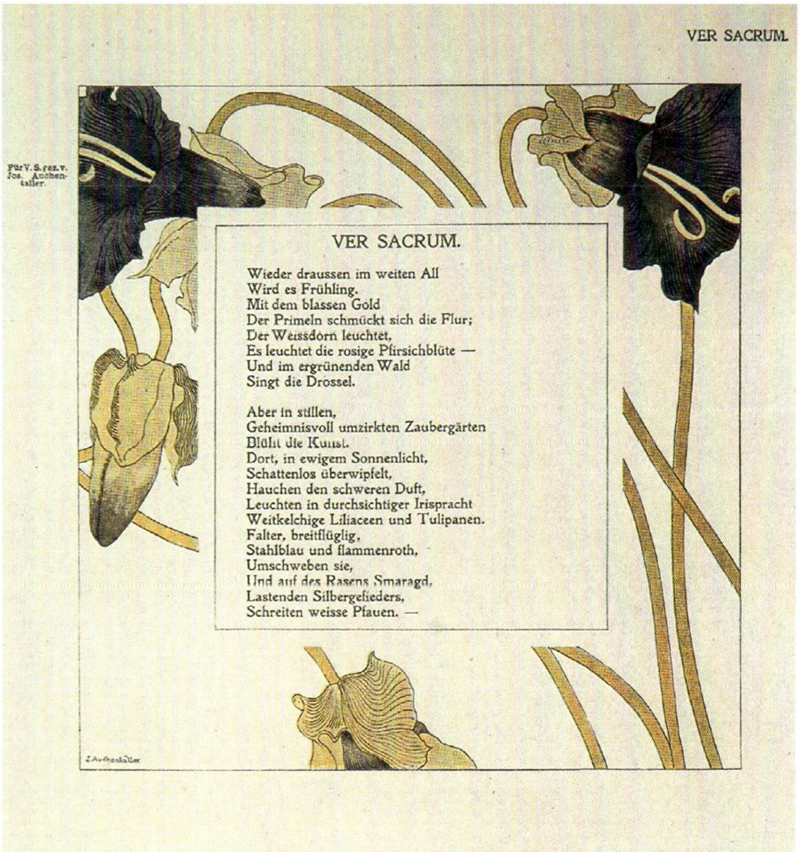
VER SACRUM.

Für V. S. rez. v. Jos. Auchentaller.

VER SACRUM.

Wieder draussen im weiten All
Wird es Frühling.
Mit dem blassen Gold
Der Primeln schmückt sich die Flur;
Der Weissdorn leuchtet,
Es leuchtet die rosige Pfirsichblüte —
Und im ergrünenden Wald
Singt die Drossel.

Aber in stillen,
Geheimnisvoll umzirkten Zaubergärten
Blüht die Kunst.
Dort, in ewigem Sonnenlicht,
Schattenlos überwipfelt,
Hauchen den schweren Duft,
Leuchten in durchsichtiger Irispracht
Weitkelchige Liliaceen und Tulipanen.
Falter, breitflüglig,
Stahlblau und flammenroth,
Umschweben sie,
Und auf des Rasens Smaragd,
Lastenden Silbergefieders,
Schreiten weisse Pfauen. —

Otto Wagner
Immeubles de la Linke Wienzeile, 1898/99

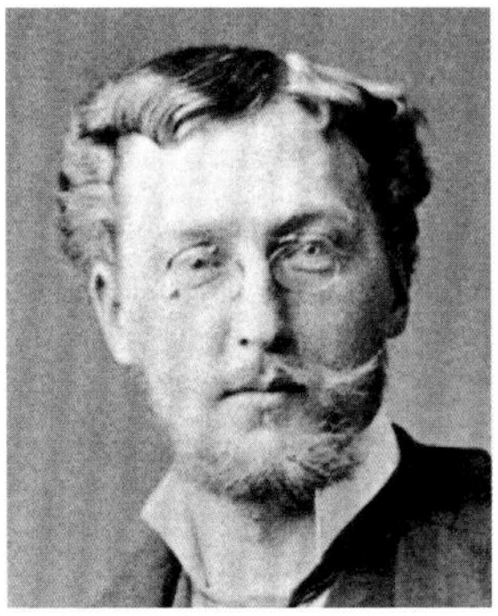

* 1841 à Penzing
† 1918 à Vienne

PAGE 39
Détails de la façade des ***Immeubles de la Linke Wienzeile***, n° 40 et 38, 1898/99

Immeuble de la Linke Wienzeile, n° 40, 1898/99
Photographie de 1899

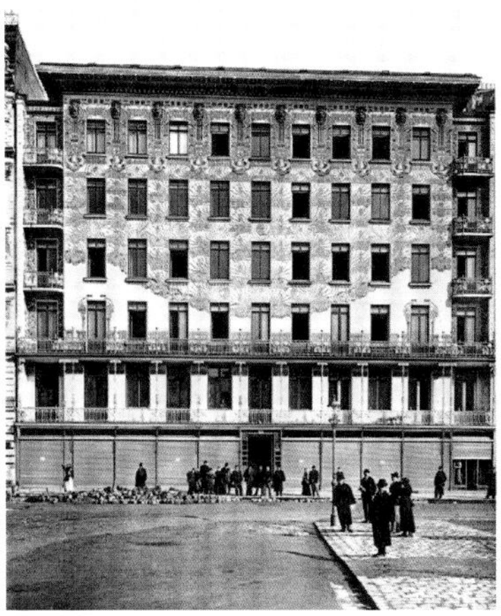

Otto Wagner est sûrement l'architecte des temps modernes qui a le plus marqué Vienne. Génie universel, il maîtrisait tant l'architecture et l'urbanisme que la technologie et conduisit vers l'époque moderne la Vienne du 19e siècle, enlisée dans l'historicisme. Dans son atelier, il forma une série de talents qui allaient compter parmi les architectes les plus influents du 20e siècle. Les deux immeubles résidentiels de la Linke Wienzeile, érigés à l'acmé de son art, illustrent à merveille la polyvalence de ses talents. Ils se trouvent le long de la Vienne, affluent autrichien du Danube dont le projet de canalisation représente le plus gros projet d'infrastructure jamais réalisé par Wagner. En 1893, il présenta son plan de régularisation générale pour le tout Vienne et fut invité en 1894 à faire partie de la commission de la création du métropolitain viennois et de la régularisation du Danube.

Wagner était persuadé que la fin de siècle était une ère de révolution technologique qui transfigurerait le visage de la ville. Il fallait redessiner ce visage – et, selon lui, l'historicisme du Ring (ill. p. 9) qu'il qualifiait avec mépris de « bal masqué stylistique » n'avait absolument pas lieu d'être ici. Pour le remplacer, il développa dans *Architecture moderne*, un écrit paru en 1896, un nouveau style utilitaire, dont les formes découlaient de la construction et de la fonction. Il anticipait ainsi le principe *form follows function* des modernes du 20e siècle – une position qui entraîna bien des controverses avec ses confrères et lui coûta quelques commandes. Sans se laisser décontenancer, il travailla néanmoins à la mise en pratique de ce style fonctionnel. Les stations de métro qu'il conçut (ill. p. 8 en bas, 10 en haut) allient infrastructure technique et élégance métropolitaine, tout comme les immeubles résidentiels de la Wienzeile privilégient l'intégration dans la totalité de l'ensemble. Pour le lit canalisé de la Vienne, Wagner prévoyait de part et d'autre de la rivière un grand boulevard de prestige qui ne devait cependant pas voir le jour, à l'exception des deux immeubles élevés en 1898 et 1899.

Ceux-ci témoignent de l'influence de la Sécession viennoise, dont Otto Wagner devint membre au tournant du siècle. Le caractère ornemental de la période Gründerzeit n'y est pas, comme à l'accoutumée, souligné par des moulures ostensibles, mais se fond dans la surface à deux dimensions de la façade. Dans ses édifices plus tardifs, Wagner réduira encore davantage l'ornementation. L'immeuble du numéro 38, dont l'effet plastique est pensé dans l'ensemble du paysage urbain, est dominé par son angle arrondi en forme de tour. Marquant le croisement des rues, celui-ci est entièrement décoré de médaillons dorés de Koloman Moser. Le toit visible de très loin est couronné de têtes sculpturales intitulées *Crieuses*, par Othmar Schimkowitz (1864–1947). Au numéro 40, l'immeuble adjacent, dit « Maison aux majoliques », est habillé de carreaux colorés dont le motif floral prend toute la largeur du bâtiment. Wagner n'a pas choisi cet agencement pour des raisons purement esthétiques : les carreaux garantissaient en effet un nettoyage aisé de la façade, opération régulièrement exécutée par les pompiers locaux. La corniche étroite et débordante qui donne depuis la rue une impression de toit plat est typique des immeubles résidentiels de Wagner. Le décor de la maison voisine, située au 3 de la Köstlergasse, est encore plus réduit à l'essentiel. Otto Wagner y vécut lui-même pendant quelque temps. MN

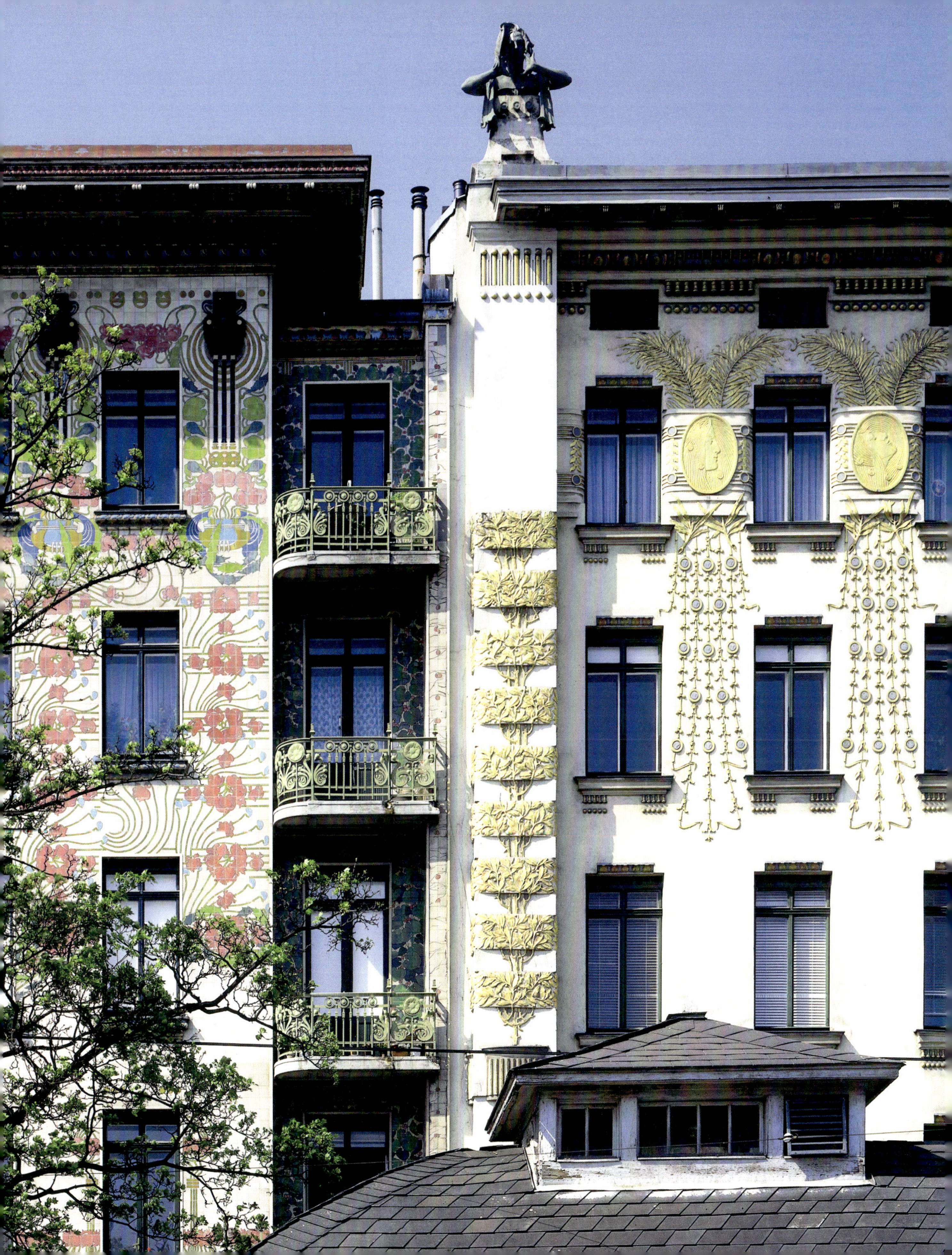

Karl Kraus (éd.)
Die Fackel, 1899

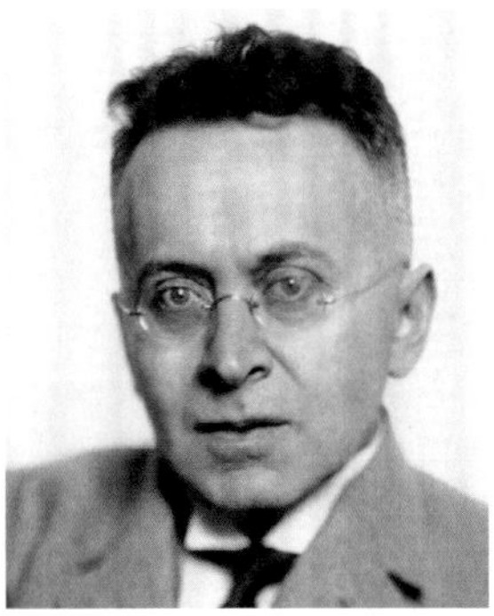

* 1874 à Jičín
† 1936 à Vienne

« Imbécile », tel est le dernier mot du dernier numéro de la revue *Die Fackel* [*Le Flambeau*], paru en novembre 1935. En trente-sept ans, Karl Kraus, son concepteur et fondateur, réussit à livrer au grand public pas moins de 22 578 pages de réflexions notoires, dont il assuma lui-même plus des trois-quarts. Kraus était fier d'être un contestataire qui se vantait de ne pas avoir de scrupules et entretenait quantité d'inimitiés, nourries dans sa revue au gré de rubriques qu'il qualifiait d'« exécutions ». Le dernier mot de son épilogue s'accorde à merveille avec le travail d'éclaireur bien particulier mené dans *Die Fackel*.

Tout commença en avril 1899. Né en 1874 en Bohême, dans l'actuelle République tchèque, arrivé à Vienne à l'âge de trois ans, Kraus s'offrit un journal pour ses vingt-cinq ans. Il avait déjà placé quelques articles dans le journal le plus influent de la double monarchie, le *Neue Freie Presse*, et s'était défoulé sur les écrivains de la ville en les accusant de produire une « littérature démolie ». Sa propre revue, au caractère séditieux, allait être un succès. Il fallut rééditer les premiers numéros qui atteignirent les 30 000 exemplaires.

Kraus s'était tout d'abord considéré comme le porte-parole des mécontents : « L'agenda politique de ce journal, annonçait l'éditorial du premier numéro, semble de ce fait mince. Notre devise : non pas un "ce que nous proposons" tonitruant, mais un honnête "ce que nous détruisons". » L'éditeur invitait cordialement à la danse : on pouvait s'arrêter chez lui pour remettre des communiqués, des adjurations, des indignations qui seraient alors reprises dans *Die Fackel*.

Inéluctablement, l'entreprise dérapa vers le réquisitoire diffamatoire et, en février 1904, Kraus mit fin à cette analyse provenant en quelque sorte d'une sagesse de masse. Il œuvra dès lors avec une équipe solide et régulière de collaborateurs, jusqu'à reprendre personnellement le flambeau : à partir de la fin 1911, tous les textes sont signés d'un seul et même responsable, dont la rage et le courage sont de toutes les façons inégalables : Kraus.

Pour exécuter les choses et les gens, Kraus avait une technique très efficace qui résidait dans une sorte d'inversion. Ses formules célèbres (comme son règlement de compte avec Sigmund Freud : « La psychanalyse est cette maladie mentale dont elle prétend être le traitement », ou avec le galeriste et agent berlinois Herwarth Walden (1879–1941) : « Citons parmi les nombreux sacrifices qu'il accomplit pour l'art l'art lui-même ») suivent un processus bien précis. Il s'agit de tourner et retourner un terme jusqu'à ce que les diverses significations qu'il revêt, comme tout autre terme, finissent par se démentir. La contradiction alors mise à jour se voit appliquée aux personnes concernées.

L'image de couverture de son pamphlet *Die demolirte Literatur* était l'œuvre de Hans Schließmann (1852–1920), dessinateur, illustrateur et caricaturiste. Kraus lui-même a souvent mentionné ce fait. On ne sait rien, en revanche, de la couverture du premier numéro de *Die Fackel*. La paternité de Schließmann n'est donc qu'une supposition. Ce qui frappe, en tout cas, c'est l'objet chargé d'apporter la lumière. La flamme se détache des sphères nébuleuses de la ville sombre et menaçante, et ce, dans un but : incendier qui de droit. La couverture est rouge. Une honnête destruction se préparait. RM

Hans Schließmann
Couverture de la revue
Die Fackel, 1899
1er numéro

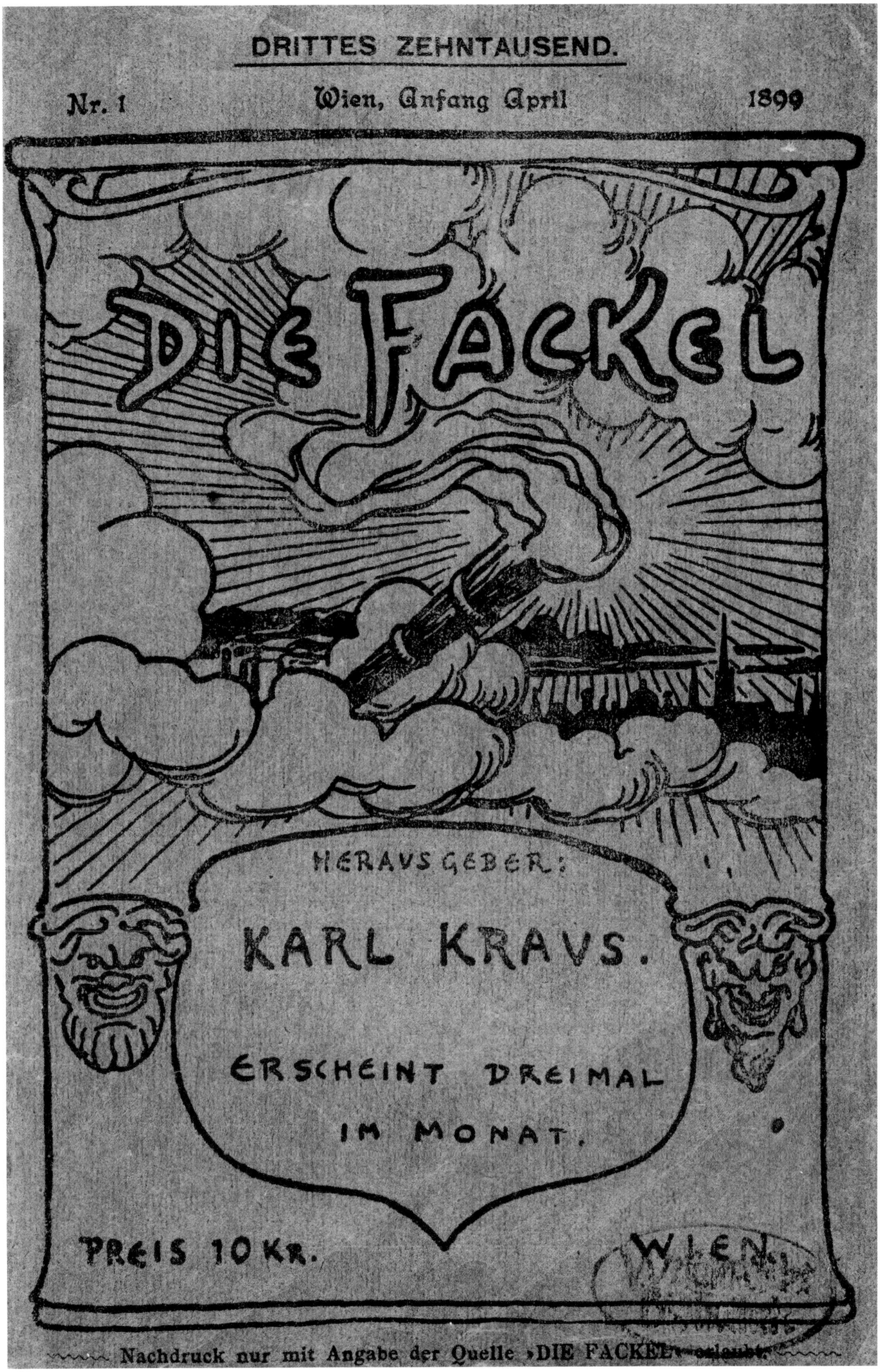
DRITTES ZEHNTAUSEND.
Nr. 1
Wien, Anfang April
1899
DIE FACKEL
HERAUSGEBER:
KARL KRAUS.
ERSCHEINT DREIMAL IM MONAT.
PREIS 10 KR.
WIEN.
Nachdruck nur mit Angabe der Quelle »DIE FACKEL« erlaubt.

Adolf Loos

Café Museum, 1899

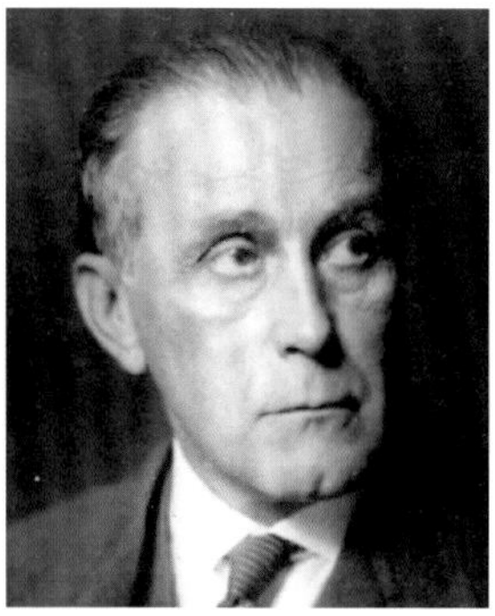

* 1870 à Brno
† 1933 à Vienne

En 1912, Karl Kraus commente ainsi la vision bienheureuse que ses concitoyens ont du passé : « Aux esthètes, je dois faire une déclaration fracassante : l'ancienne Vienne aussi a été nouvelle. » L'illusion que tout existait depuis la nuit des temps et qu'il ne fallait surtout rien ajouter à cet ordre était depuis toujours populaire à Vienne. Une institution locale, le café, n'était pas non plus immunisée contre cette nostalgie. Et pourtant, le café tel qu'il est devenu emblématique au 20e siècle, véritable symbole de cette institution aujourd'hui encore, est le fruit d'une innovation. Le Café Museum est le prototype de ce lieu, le premier *Wiener Kaffeehaus* d'un nouveau genre.

Son jeune architecte, Adolf Loos, avait beaucoup voyagé à Londres et aux États-Unis. Ce qu'il y avait vu l'avait impressionné durablement. Il se tenait clairement à distance du groupe des Sécessionnistes viennois qui se formait alors, estimant dès le début qu'ils s'égaraient en mélangeant art et architecture. Loos n'appartenait à aucun groupe et ne se laisse toujours pas étiqueter, même si son intérêt quasi obsessionnel pour les espaces intérieurs ne convient à aucun autre endroit et aucune autre époque mieux qu'à la Vienne de Sigmund Freud.

Lorsque Loos est chargé de l'aménagement du Café Museum en 1899, grâce à la médiation désintéressée de son confrère plus âgé Max Fabiani, les cafés ressemblent pour la plupart à des tavernes de style Biedermeier surchargées et capitonnées. Encore tout imprégné des métropoles qu'il a visitées peu avant, Loos aspire à un tout autre type de confort. Un bien-être qui résulterait non pas d'un effet d'abondance, mais du juste nécessaire. Une chaise en bois bien faite, avec un dossier adéquat, était pour Loos non seulement plus belle et efficace, mais aussi plus confortable qu'un moelleux fauteuil.

À son inauguration, le Café Museum ne manqua pas de surprendre le public viennois avec sa salle en L, ses murs lisses dénués d'ornements et de cloisons, et, agencé librement comme sur une scène, son mobilier réduit à l'essentiel – tables aux plateaux de marbre, chaises légères en bois courbé et billards. Un lieu cosmopolite à la convivialité pourtant spécifiquement autrichienne. Les intellectuels et hommes de lettres tels Peter Altenberg et Karl Kraus ne tardèrent pas à prendre leurs quartiers au Café Museum. Des artistes comme Klimt et Schiele leur emboîtèrent le pas.

Ce fut pour Adolf Loos le début d'une éminente carrière. Il allait devenir l'un des architectes autrichiens les plus influents du 20e siècle, un pionnier de la modernité. Maintes fois copié, son intérieur de 1899 définit jusqu'à nos jours la typologie du café viennois et du bien culturel qu'il représente, inscrit au patrimoine immatériel de l'UNESCO. Le Café Museum lui-même eut un curieux destin. Il connut une première transformation en 1930/31 par Josef Zotti (1882–1953), qui remplaça les chaises en bois courbé par des fauteuils en similicuir – autre forme d'élégance mondaine cosmopolite. Puis, en 2003, cet agencement fut balayé au profit d'une reconstruction à l'identique du mobilier original, dont la stérilité criante faisait cependant l'impasse sur le sens du confort selon Loos. Lors de la réouverture suivante, en 2010, des répliques du mobilier de Josef Zotti firent donc leur apparition. La nostalgie n'est pas chose aisée. Karl Kraus s'en amuserait. MN

Café Museum, 1899

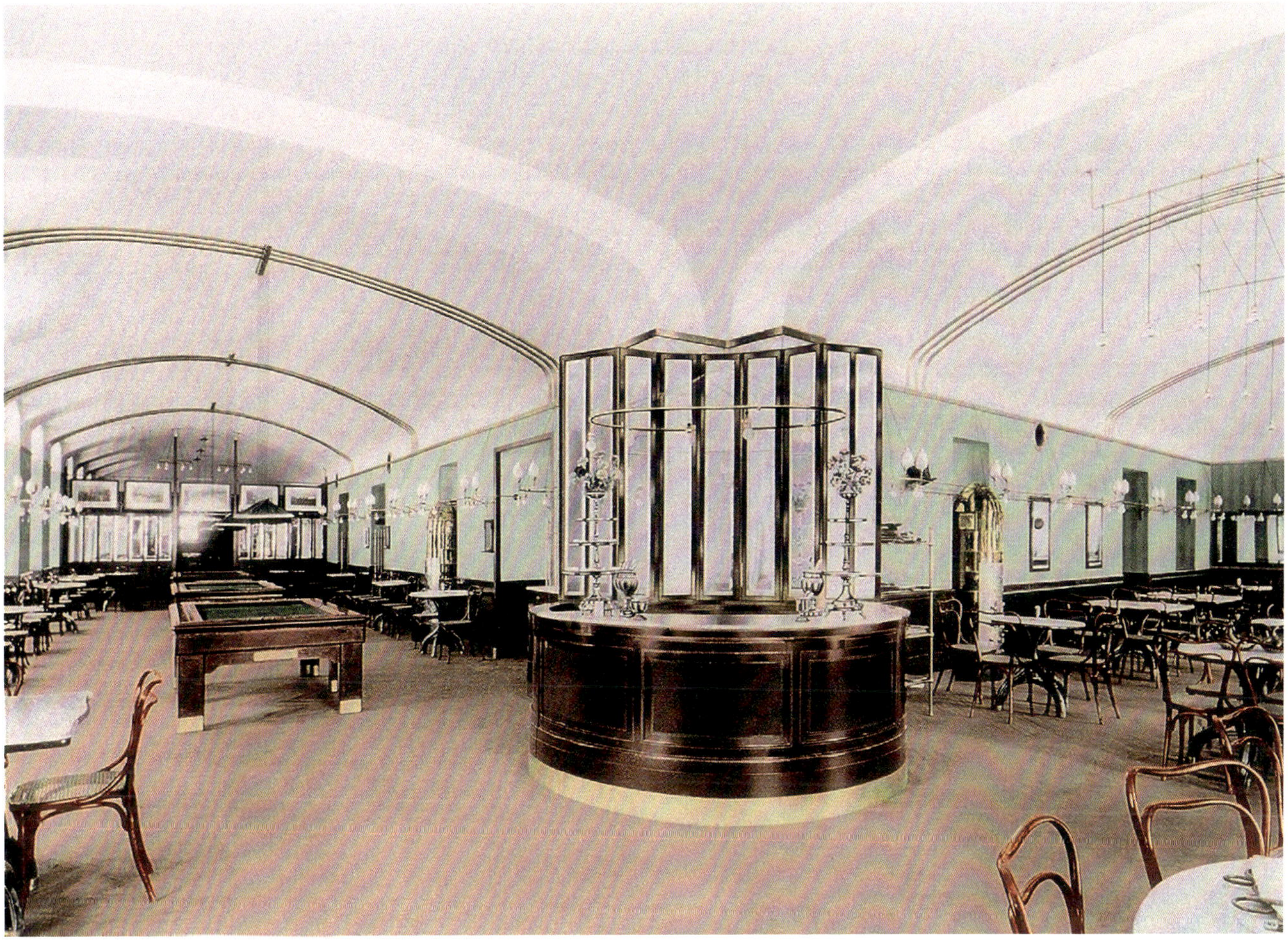

Wilhelm Gause
Bal de cour, 1900

* 1853 à Krefeld
† 1916 à Krems

PAGE 45
Bal de cour, 1900
Aquarelle, 49,8 x 69,3 cm
Vienne, Wien Museum

Wilhelm List
L'Empereur François-Joseph Ier, 1905
Huile sur toile, 50 x 69 cm
Tableau de la salle des séances de la Caisse d'épargne de la Poste construite par Otto Wagner à Vienne

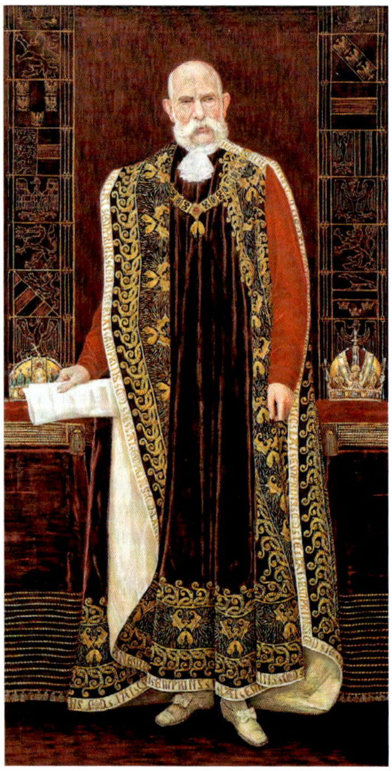

À l'occasion du carnaval, Sa Majesté organisait deux bals. Au bal à la cour (*Ball bei Hofe*), seule la haute aristocratie – qui avait jalousement signifié son amour pour la maison impériale – était invitée à approcher l'altesse. Quant au bal de cour (*Hofball*), il était, conformément à l'étiquette, moins exclusif. Ouvrant la saison en janvier, il voyait défiler une partie du corps diplomatique, de l'armée, ainsi que des bourgeois anoblis et quelques hauts fonctionnaires. Les heureux élus n'étaient pas uniquement conviés à danser mais aussi à savourer un légendaire et généreux buffet. La réception avait lieu dans les salles d'apparat, dites de la Redoute, entre la bibliothèque et l'école d'équitation de la Hofburg, l'immense palais impérial de Vienne.

L'événement était l'occasion par excellence d'une rencontre cérémonieuse avec le souverain. Né en 1830, François-Joseph Ier régna plus d'un demi-siècle sur la double monarchie du Danube, qui s'étendait de l'Est de l'Europe centrale aux Balkans et dénombrait plus de 50 millions de sujets. Un État incontestablement plurinational, dont les velléités de dislocation furent empêchées par la respectabilité de l'empereur et roi, par son existence et la durée de son règne. L'Empire, constitué et maintenu depuis des lustres par la dynastie des Habsbourg, était très libéral ; la censure y jouait un rôle à peine notable. Le monarque était aimé, si populaire qu'aucun précurseur des modernes aussi ambitieux soit-il n'aurait pensé à devenir républicain.

Wilhelm Gause présente au public ce grand moment. Sur une aquarelle de moins de 70 par 50 centimètres, il rassemble l'élite de la société viennoise, restituant l'atmosphère, l'ambiance et le magnétisme exercé par la crème de la crème. La toilette sophistiquée des dames, en particulier, leur taille de guêpe, leur décolleté, leur jolie jeunesse, ont séduit le témoin de la scène. Naturellement, ces dames n'ont d'yeux que pour l'empereur, tandis qu'une poignée d'hommes, dans leurs uniformes pittoresques tenant presque du costume d'opérette, ne jouent qu'un rôle accessoire. Dans la vision de Gause, l'empereur est tel qu'il était et devait être devant le grand public : un homme sans âge, pas jeune bien sûr, mais viril et déterminé.

L'année 1898 avait été l'occasion de célébrer un anniversaire important. Pour les cinquante ans de règne de l'empereur François-Joseph Ier, le Tout-Vienne, artistes compris, s'était mis sur son trente-et-un. C'est alors qu'arriva ce que l'empereur résuma ainsi : « Rien ne m'aura été épargné. » L'assassinat de l'impératrice Elisabeth, dite Sissi, par un anarchiste mit un terme à toutes les festivités. C'était un peu plus d'un an avant le bal de cour immortalisé par Gause. Les splendeurs de cette nuit enchantée ne laissent rien paraître du chagrin et du deuil.

Né à Krefeld en 1853, arrivé à Vienne en 1879 et mort dans la vallée de la Wachau en 1916, Gause était un illustrateur « de terrain » et un excellent chroniqueur de son temps. Il n'agissait pas en porte-parole de la cour. Son regard distant, assez indifférent, saisissait aussi le chômage et l'ensemble des activités de l'autre partie de la société. Gause montre ce qui n'entre pas dans le cadre exclusif, artificiel et exquis de la Vienne de 1900 : les thèmes populaires. Et c'est dans cette recherche de ce qui caractérise le peuple que s'inscrivent justement l'empereur et sa notoriété. RM

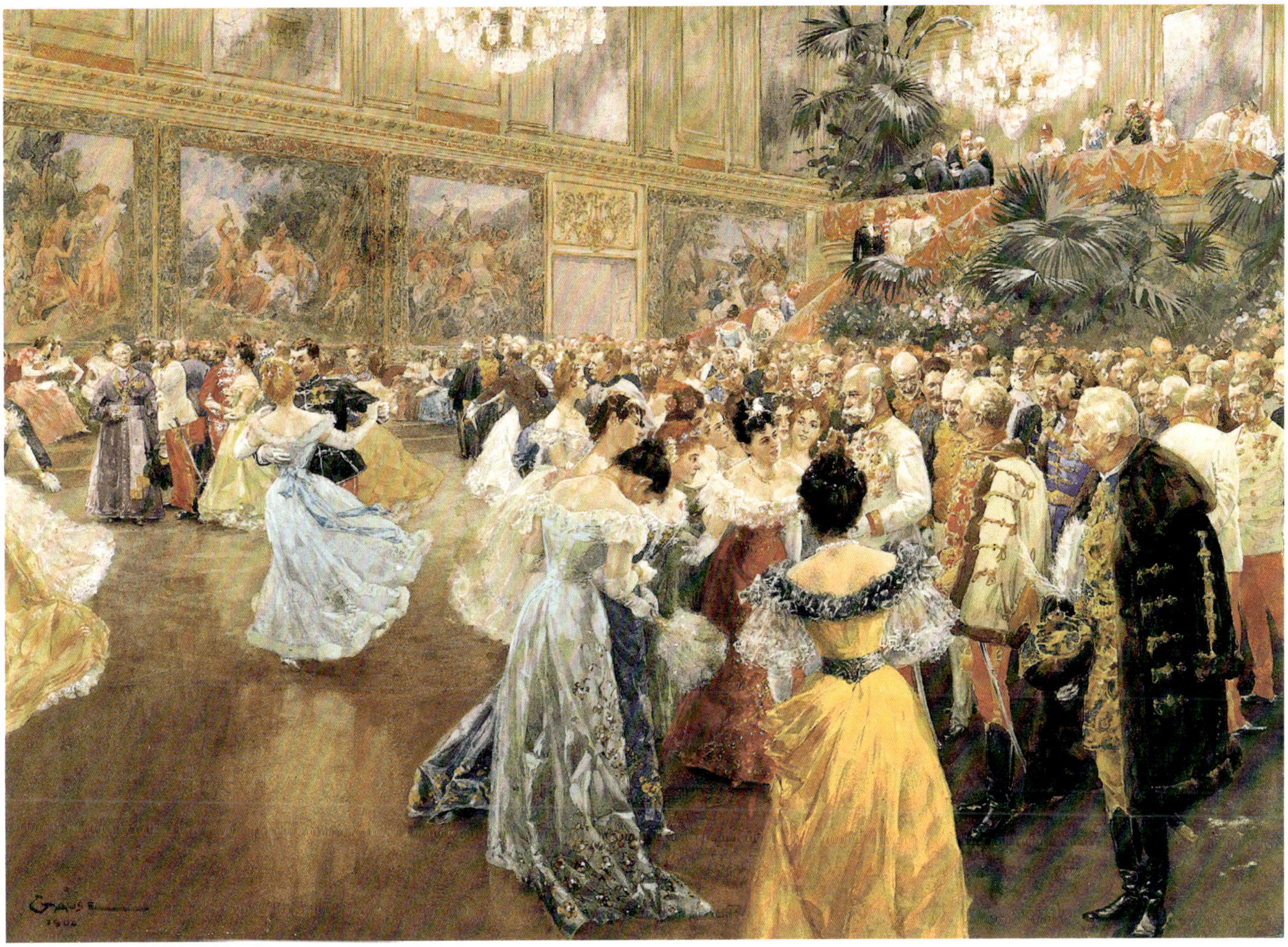

Max Fabiani
Palais Artaria, 1900–02

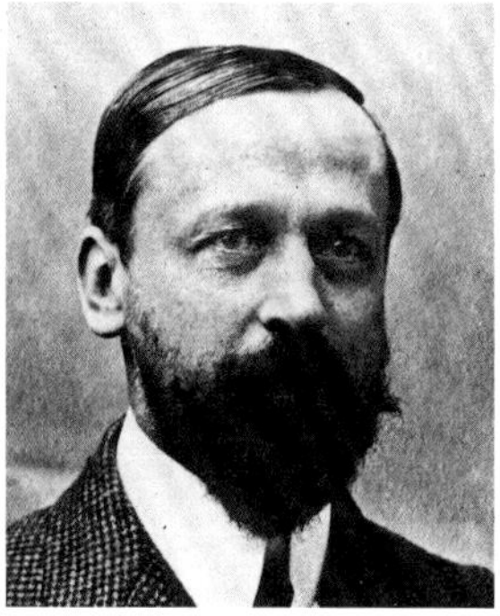

* 1865 à Komen
† 1962 à Gorizia

De tous les architectes qui marquèrent Vienne au tournant du 20e siècle, aucun autre que Max Fabiani n'incarne si parfaitement la pluralité de l'Empire austro-hongrois. Né en Slovénie, à proximité de la frontière italienne, lui-même trilingue, il s'installe à Vienne et travaille dès 1894 dans le cabinet d'Otto Wagner. Il en est nommé chef de bureau en 1899 et participe activement aux débats sur l'éminent ouvrage de Wagner, *Architecture moderne*. Dans ses propres constructions, il prolonge les principes de Wagner en leur donnant sa griffe particulière. Tout comme son maître, Fabiani est membre de la Sécession avant de s'en distancer. Il est le premier architecte diplômé de la monarchie en 1902. De par ses publications et son poste de professeur d'ornement et de décoration intérieure à l'école polytechnique, il est aussi reconnu des experts qu'intégré dans la société viennoise.

L'immeuble commercial destiné à la maison d'édition Artaria, fondée en 1770, occupe une place remarquable le long du Kohlmarkt, rue bordée de prestigieux palais : non seulement il est construit en retrait par rapport aux immeubles voisins (en raison du plan d'occupation des sols de l'époque), mais en plus et surtout, il dégage une légèreté et une luminosité toute méditerranéennes. L'avancée du toit, élément déjà récurrent dans bien des ouvrages de Wagner, fait saillie au-dessus de la rue comme un auvent en filigrane.

Côté rue, la façade affiche une nette différenciation entre les locaux commerciaux et les étages de bureau. Le rez-de-chaussée et l'entresol sont encadrés et réunis par quatre pilastres étroits dont les deux externes sont parés l'un d'une caryatide, l'autre d'un atlante. Les quatre étages supérieurs sont habillés de plaques de marbre poli couleur miel et seulement soulignés par de fins bandeaux horizontaux : un revêtement extrêmement sobre pour l'époque. Seules les fenêtres en bow window donnent du relief à la façade. Dans son refus de tout excès ornemental, le palais de la séculaire maison Artaria annonce l'édifice radical qui sera érigé presque en face quelques années plus tard par Adolf Loos, sur la Michaelerplatz (ill. p. 71), et qui déclenchera alors un beau scandale.

Pour l'immeuble commercial Portois & Fix, élevé presque simultanément dans l'Ungargasse du 3e arrondissement, Fabiani opta également pour cette division tripartite moderne et cohérente de la façade. Là aussi, l'ornementation est réduite à son minimum, les étages de bureau arborant un revêtement lisse en façade, avec des carreaux brillants aux différents tons verts. La Casa Bartoli, réalisée par Fabiani à Trieste en 1905/06, est une variation autrement plus flamboyante du palais Artaria.

Dans les années qui suivent, l'affinité entre Max Fabiani et la monarchie redouble du fait de son amitié pour le prince héritier François Ferdinand d'Autriche dont il est le conseiller personnel depuis 1902. Tout comme la monarchie tend vers le nationalisme dans les années précédant la Première Guerre mondiale, les conceptions de Fabiani empruntent une voie plus historique et conservatrice dont témoigne le bâtiment érigé pour l'institut public d'éducation Urania (1909/10).

Après la guerre, Fabiani revient dans sa Slovénie natale où il a déjà conçu un plan de régularisation générale pour Ljubljana, détruite en 1895 par un tremblement de terre. Le rez-de-chaussée du palais Artaria, quant à lui, devait abriter la librairie de la maison d'édition pendant plus d'un siècle. Un magasin de mode lui succéda en 2014. MN

Palais Artaria, 1900–02

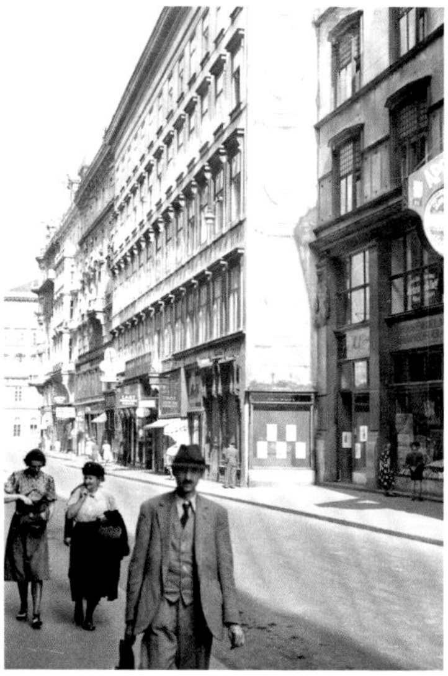

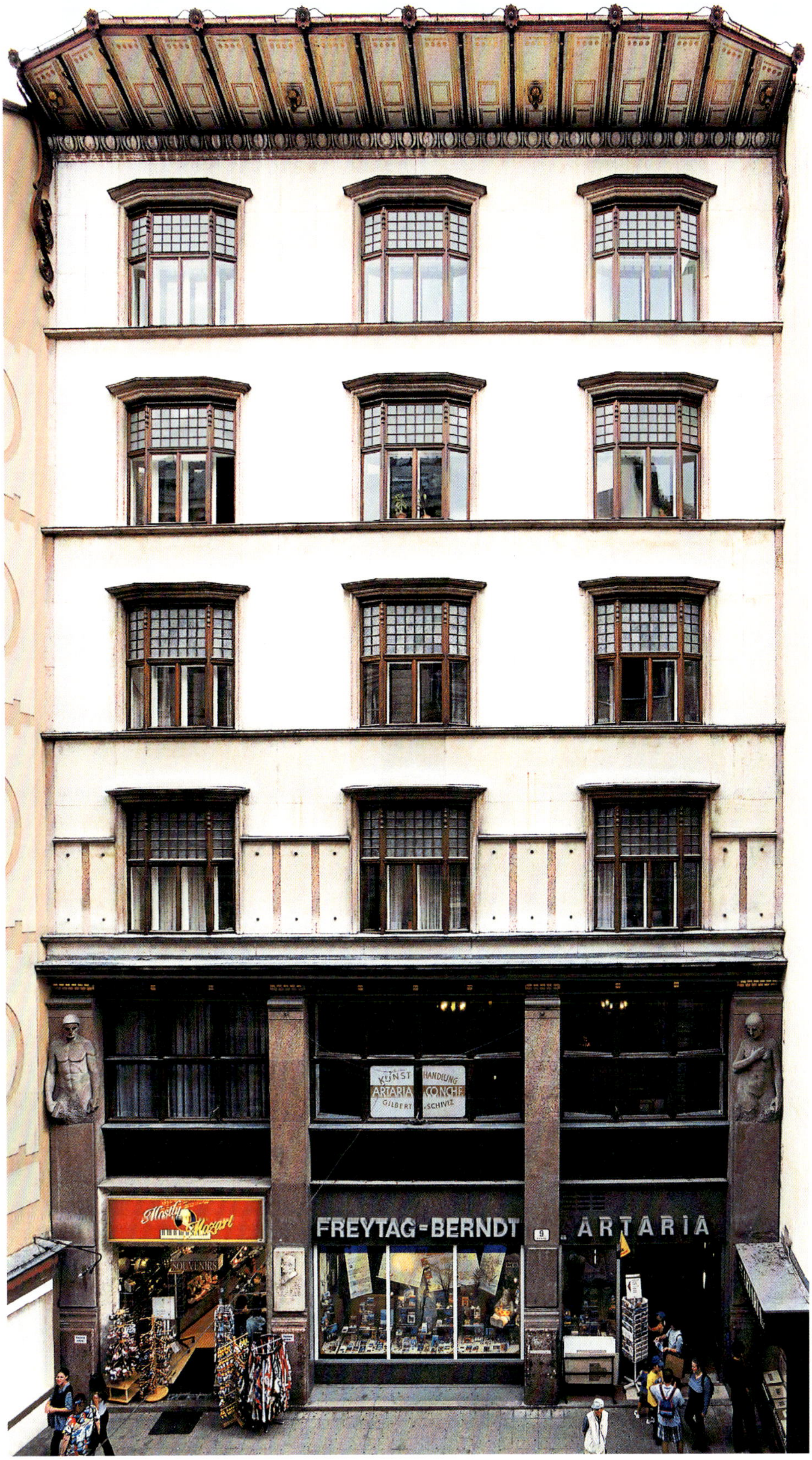
FREYTAG-BERNDT
ARTARIA
SOUVENIRS

Josef Hoffmann

Dessus-de-porte dans l'exposition « Beethoven » de la Sécession viennoise, 1902

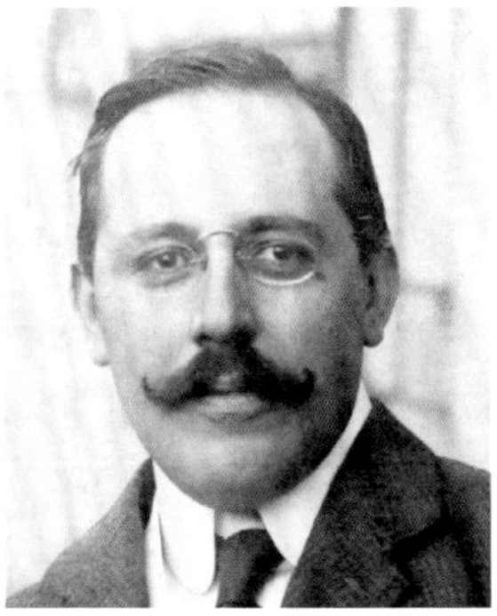

* 1870 à Pirnitz
† 1956 à Vienne

Depuis que l'intérêt pour la Vienne de 1900 a connu un plein essor, dans les années 1980, d'étranges objets ont été révélés au public. On les appelle dessus-de-porte, et Josef Hoffmann en est donné pour responsable. Ces pièces, comme leur nom l'indique, étaient installées au-dessus d'une porte. Dans la célèbre exposition « Beethoven » qui eut lieu en 1902 dans le palais de la Sécession, ils marquaient le passage vers la salle centrale où se trouvait la statue de Beethoven (ill. p. 21) par Max Klinger. On accédait à cet espace central en passant par deux salles latérales. Klimt avait monté sa *Frise Beethoven* (ill. p. 20/21) dans celle de gauche. Les dessus-de-porte faisaient donc partie intégrante d'un rite de passage, d'un ensemble décoratif d'éléments hétéroclites servant la scénographie merveilleuse des Sécessionnistes. Hoffmann chapeautait cette œuvre d'art totale.

Lorsque l'exposition « Beethoven » ferma ses portes en juin 1902, le formidable décor disparut. Seules des photographies prises par Moritz Nähr (1859–1945) subsistent. Dans son reportage, Nähr tenait à montrer l'effet exubérant de l'ensemble. Josef Hoffmann travaillait pour sa part avec un concept bien précis en tête, celui de *Raumkunst* (notion de décoration intérieure élargie). En 1900, Franz Servaes (1862–1947), critique d'art pour le *Neue Freie Presse*, définit ainsi ce concept : « Il incombe au décorateur d'intérieur d'agencer avec art une production disparate, de classer avec organicité tous ces éléments isolés dans une pièce qui se percevra comme homogène et pratique. »

Ces reliefs correspondent à la « production disparate ». La brochure de l'exposition indiquait comme matériau « découpe de mortier ». Sans doute en plâtre, ils ont en fait été insérés dans des niches spécialement creusées au-dessus des portes. Ils servaient néanmoins « un classement organique », ce qui se comprend si l'on observe l'un d'eux séparément. La composition formée de plinthes juxtaposées souligne la verticalité, mais la forme de ce qui est presque un carré dont l'arête mesure un mètre environ accentue une tendance en faveur d'un effet recentrant. Ce cadre carré est repris exactement au centre. Cette fois en miniature, il occupe la verticale médiane qui se dessine dans la mesure où il est possible de voir la base du relief. Cette verticale fait aussi office d'axe de symétrie, puisque certaines plinthes se reflètent en miroir. De part et d'autre s'ébattent des plaques au placement de prime abord confus, mais dont une relation émane, à cause de la répétition. Symétrie, relation, modèle et base, Hoffmann tente d'énoncer ce que l'on pourrait appeler le langage de l'ornement. Une langue de la décoration, des tenants et des aboutissants de l'ensemble, de la totalité.

Depuis les années 1980 cependant, on considère ces dessus-de-porte comme des éléments isolés. Ils sont accrochés séparément comme de simples reliefs. On les présente qui plus est comme de vulgaires abstractions, des cas d'école de l'art autonome. Parmi les nombreuses impulsions initiées à Vienne, il faudrait ainsi compter l'orée du modernisme – et ce, dès 1900. Mais c'est une exagération. D'autant plus que les dessus-de-porte, tels qu'ils sont présentés aujourd'hui, ne sont que des copies. RM

Salle latérale de l'exposition « Beethoven » et ***dessus-de-porte***, 1902
Relief en plâtre

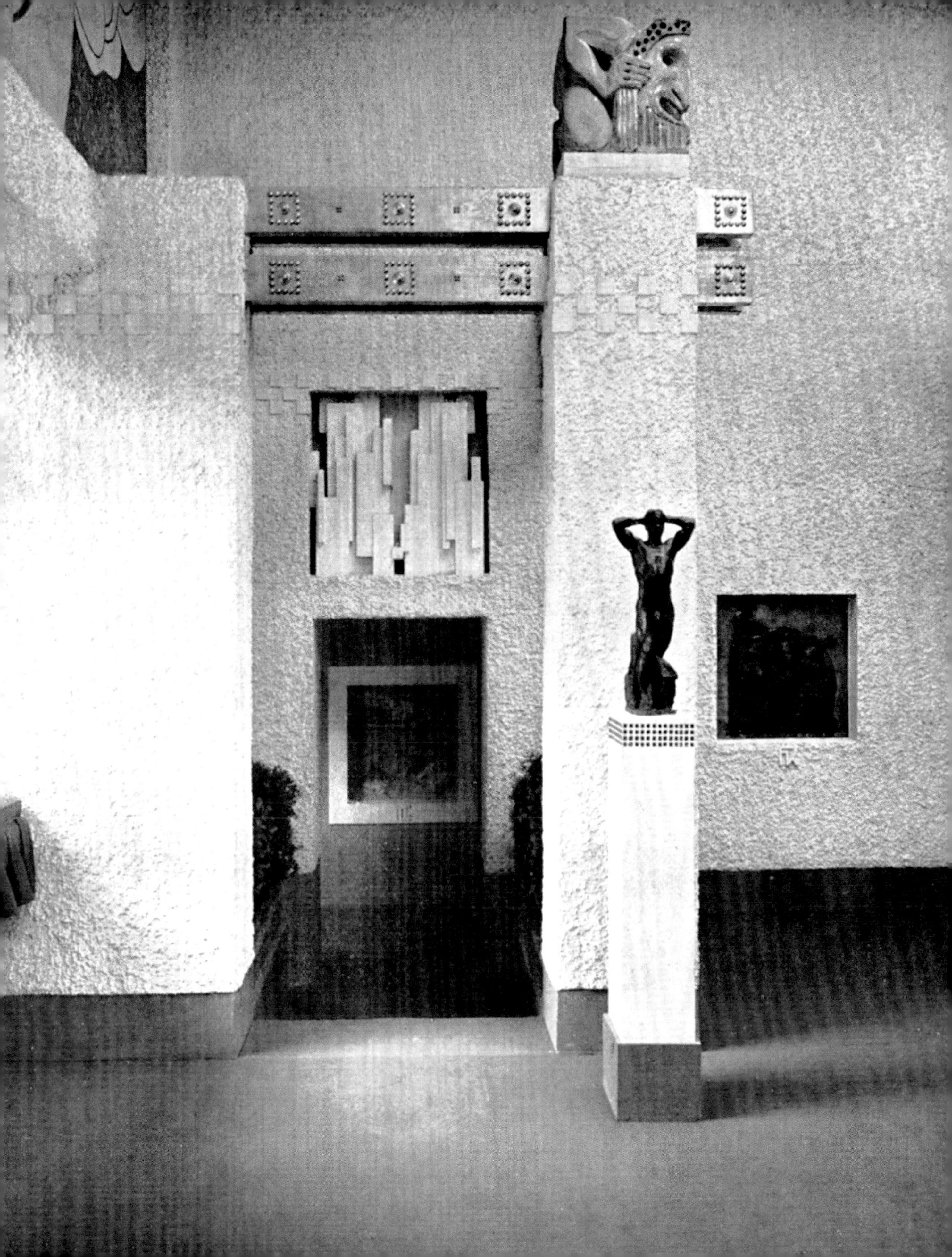

Jože Plečnik
La Maison Zacherl, 1903–05

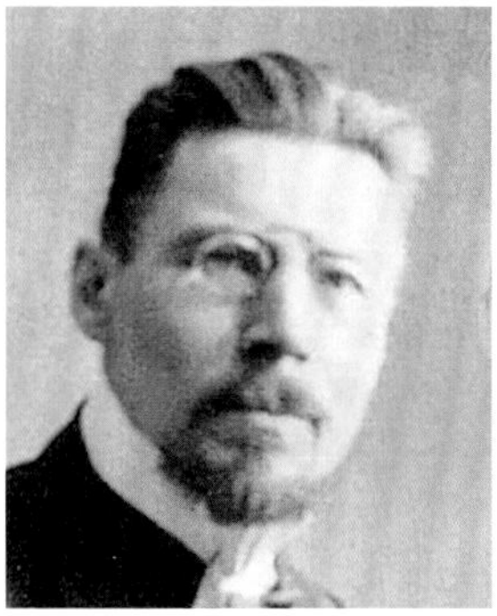

* 1872 à Ljubljana
† 1957 à Ljubljana

PAGE 51
Cage d'escalier de ***La Maison Zacherl***
Photographie de Keiichi Tahara

La Maison Zacherl, 1903–05
Photographie de 1906

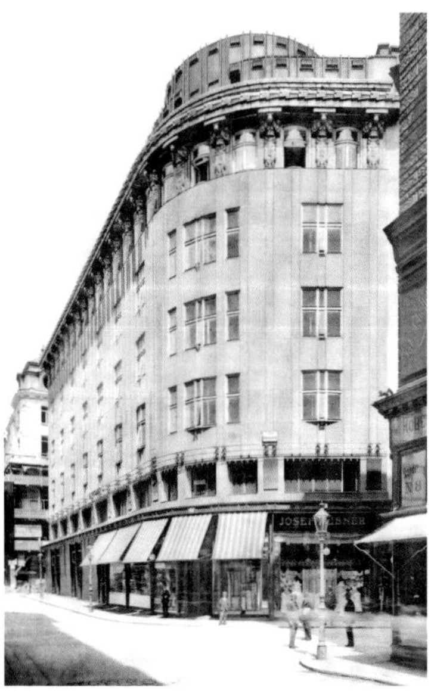

À 180 mètres seulement de la cathédrale Saint-Étienne, un terrain étroit à la découpe irrégulière, comptant trois côtés adjacents à la rue : quel que soit l'architecte, la mission était complexe, d'autant plus qu'il s'agissait de réaliser un immeuble commercial de prestige. Le maître d'ouvrage, Johann Evangelist Zacherl (1857–1936), était l'héritier d'une dynastie qui avait fait fortune dans la fabrication d'insecticides. Jože Plečnik accepta la gageure de créer un bâtiment sur mesure pour ce terrain. Slovène d'origine, l'architecte était l'un des élèves les plus talentueux d'Otto Wagner, et le bâtiment édifié au cœur du 1er arrondissement de Vienne allait devenir une synthèse des principes de Wagner, dans une interprétation personnelle de Plečnik quant à la façade, l'ornementation et l'espace.

Construit sur une ossature de béton armé, l'édifice ne renie en rien la technologie de son temps. La façade, qui se déploie sur trois rues, renvoie – tout comme les travaux d'Otto Wagner en général – à la *Bekleidungstheorie*, la fameuse théorie du revêtement formulée par l'architecte Gottfried Semper cinquante ans auparavant. Son principe fondamental est de distinguer l'enveloppe extérieure de l'ossature d'un bâtiment. Semper considérait la première comme une étoffe venant habiller la seconde. La Maison Zacherl illustre à la perfection la mise en œuvre de cette théorie. Les niveaux supérieurs sont habillés de plaques de granit grises fixées par des plinthes verticales dans le même matériau. Comme s'il s'agissait d'une tapisserie, Plečnik déroule cette trame d'apparence à la fois légère et pesante sur les deux coins du bâtiment, dont l'un est arrondi (le plus imposant, en direction de la cathédrale) et l'autre forme un angle saillant. Les fenêtres légèrement convexes s'insèrent dans cette trame avec précision. En contrepoint, le rythme de la composition est complété par une corniche de couronnement au relief expressionniste. De couleur sombre, presque noire, elle semble se composer de plaques d'ardoise empilées. Le bâtiment est comme soutenu par une série d'atlantes imposants exécutés sur les indications du sculpteur Franz Metzner (1870–1919). Un juste équilibre se dégage du rapport entre clarté et obscurité, légèreté et lourdeur, lignes horizontales et verticales, statique et dynamique.

Une sculpture en bronze de Ferdinand Andri orne la façade la plus étirée. Figure de l'archange Michael, elle est considérée comme un hommage à Michael Zacherl, le jeune fils du commanditaire. À l'intérieur aussi, des sculptures placées judicieusement donnent un caractère spectaculaire à la composition d'ensemble. Sur le côté le moins large, l'entrée longue et étroite, habillée de marbre foncé, conduit comme un tunnel à la cage d'escalier centrale. La rambarde de cette dernière est coiffée de candélabres élancés rappelant des insectes et, par là même, la raison du succès de la famille Zacherl. Pour Plečnik, cet édifice eut l'effet d'un tremplin. D'autres commandes viennoises suivirent, dont l'église du Saint-Esprit d'Ottakring, réalisée entre 1911 et 1913. Dans les années 1920, son traitement virtuose de la grammaire des formes historiques lui valut de remporter une commande de plusieurs années : la restauration du château de Prague. Par la suite, Plečnik retourna à Ljubljana, où il laissa une œuvre tardive aussi impressionnante que variée. La Maison Zacherl de Vienne est aujourd'hui encore un bien familial. Elle fait partie des rares édifices à n'avoir pratiquement pas changé. MN

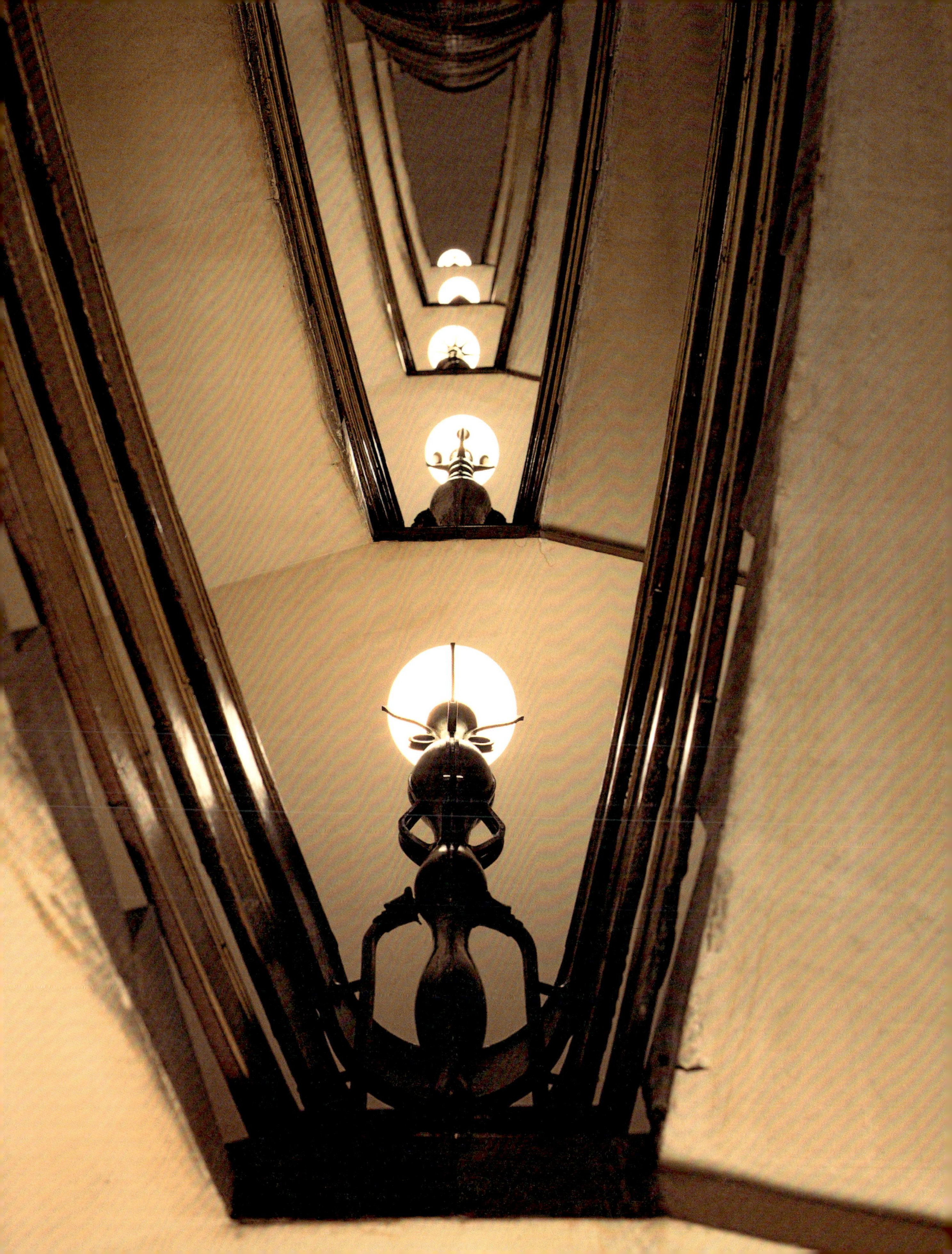

Koloman Moser
Fauteuil, 1903

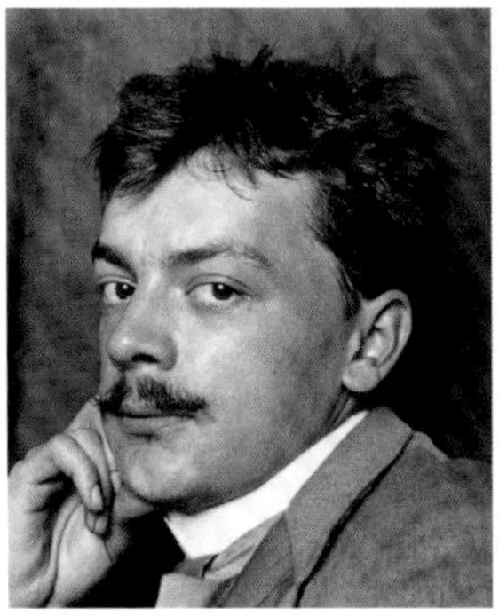

* 1868 à Vienne
† 1918 à Vienne

Aucun autre bâtiment viennois de la période 1900 n'est plus représentatif de l'ascension et du déclin de la bourgeoisie juive ouverte et moderne que le sanatorium de Purkersdorf. En 1903, Victor Zuckerkandl (1851–1927), directeur général des forges silésiennes de Gliwice (aujourd'hui en Pologne), acquit un vaste terrain en périphérie ouest de la ville pour y bâtir un établissement de cure thermale et son parc. Sa belle-sœur Berta Zuckerkandl (1864–1945) lui recommanda Josef Hoffmann pour architecte. Avec l'industriel Fritz Waerndorfer (1868–1939) et Koloman Moser, celui-ci venait de fonder la Wiener Werkstätte. En 1904, le sanatorium allait être la première grosse commande de cette association d'artistes, qui ferait de l'œuvre d'art totale sa spécialité.

Entre 1904 et 1906, un refuge distingué s'érige à Purkersdorf, Hoffmann et Moser aménageant dans leur intégralité bibliothèque, salles à manger, salons, salle de jeu et bureau. Le béton armé est alors un matériau nouveau qui se prête parfaitement aux formes géométriques qu'Hoffmann affectionne tout particulièrement. Le leitmotiv choisi est le carré. La Wiener Werkstätte et ses partenaires, comme le fabricant de meubles en bois courbé Jacob & Josef Kohn ou le spécialiste de meubles en rotin Prag-Rudniker, produisirent la totalité du décor intérieur. Dans le hall d'entrée, un prototype que Koloman Moser avait présenté en 1903 dans le cadre de la première exposition « Klimt » à la Sécession trouva sa place : un fauteuil cubique strictement géométrique, dont l'assise, de par son motif, rappelait un échiquier.

Plus qu'un établissement de cure, le sanatorium s'apparentait à un hôtel de luxe où la société viennoise gravitant autour de Berta Zuckerkandl aimait à se rencontrer. Arthur Schnitzler, Alma et Gustav Mahler, Egon Friedell, Arnold Schönberg et Hugo von Hofmannsthal faisaient partie des pensionnaires. À la mort de Victor Zuckerkandl en 1927, le sanatorium fut repris par ses proches, mais la crise financière mondiale ne fut pas sans conséquences, et l'établissement ne put se maintenir à flot que difficilement. En mars 1938, Adolf Hitler envahit l'Autriche. Quelques jours après l'*Anschluss* par l'Empire allemand, l'établissement est placé sous administration temporaire. Les Zuckerkandl prennent la fuite quand cela leur est possible et, en août 1939, le sanatorium est aryanisé. À la fin de la Seconde Guerre mondiale, le bâtiment sert d'hôpital militaire, avant d'être réquisitionné par l'Armée rouge à la libération, au printemps 1945. En 1952, la famille Zuckerkandl retrouve une ruine pillée. Elle vend la propriété à l'église évangélique qui convertit le sanatorium en hôpital. L'activité cesse en 1975. Le bâtiment et le parc sont laissés à l'abandon.

Certaines pièces de mobilier survécurent néanmoins aux vicissitudes. À la fin des années 1960, John Sailer (né en 1937), qui allait devenir un galeriste viennois de premier plan et impulsa la renaissance du mobilier Thonet, s'intéressa aux fauteuils du sanatorium. Il se rendit sur place et, moyennant un pourboire au gardien, il put accéder aux combles où étaient entreposés les meubles à l'abandon. Parmi ceux-ci, de nombreux fauteuils en bois courbé conçus par Hoffmann pour la salle à manger allaient atteindre des sommes faramineuses sur le marché de l'art. Avec le fauteuil géométrique de Moser aussi, les marchands feront des affaires juteuses. En 2000, un original vendu aux enchères chez Christie's à Londres atteignit la somme de 388 750 livres sterling (env. 650 000 euros à l'époque). Ce fauteuil n'aurait été produit à l'origine qu'à dix exemplaires. TT

Fauteuil, 1903
Châssis en hêtre peint,
siège canné teinté,
72,5 x 65,8 x 66,5 cm
Vienne, Leopold Museum

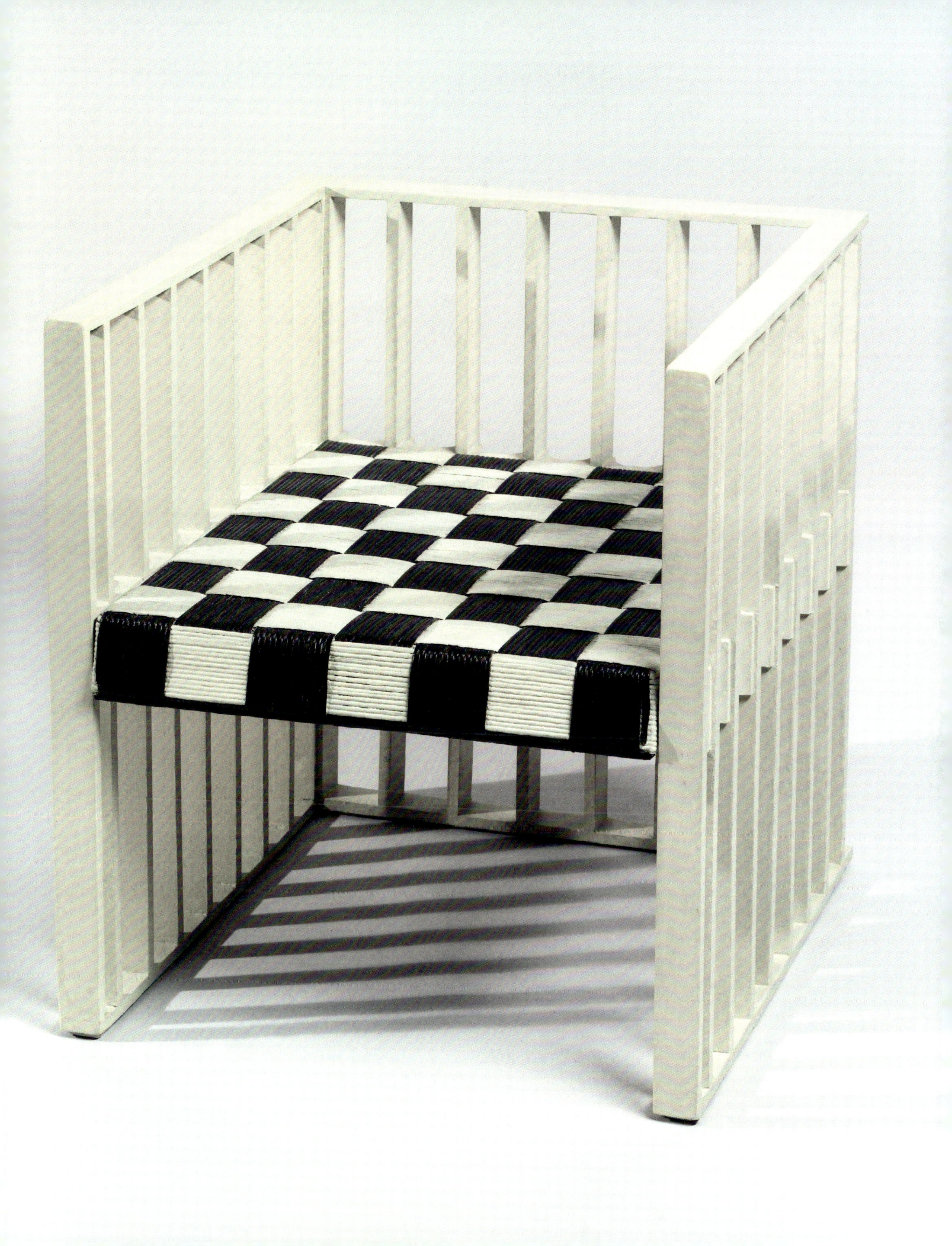

Otto Wagner

Caisse d'épargne de la Poste, 1904–06

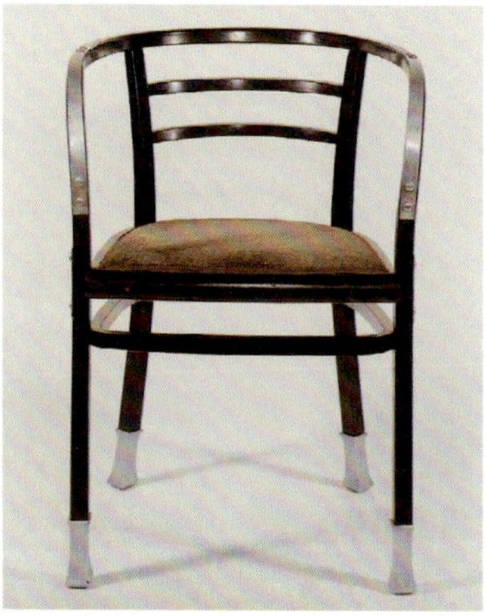

Otto Wagner
Chaise avec accoudoirs pour la Caisse d'épargne de la Poste de Vienne, 1905/06
Châssis en hêtre massif et bois contreplaqué, siège rembourré et garnitures en aluminium

« Ce qui n'est pas pratique ne saurait être beau », tel était le credo d'Otto Wagner, qui jugeait absurde de vivre le présent dans des pièces décorées dans des styles émulant le passé. Architecture et ingénierie étaient à son sens une seule et même chose. Et la beauté du fonctionnel se retrouve dans les moindres détails de l'édifice élevé sur le Ring viennois pour la *Postsparkassenamt* ou Caisse d'épargne de la Poste impériale et royale. La construction de ce bâtiment fit l'objet d'un concours lancé en février 1903. Le terrain prévu à cet effet était, après la démolition de la caserne François-Joseph Ier, l'un des derniers espaces non construits du Ring (ill. p. 9).

Wagner remporta le concours pour le terrain trapézoïdal avec une proposition strictement géométrique, où les références aux typologies classiques sont déjà réduites. L'édifice résultant est résolument moderne. La façade est habillée de plaques en marbre carrées fixées par 17 000 boulons en métal recouverts d'aluminium, matériau nouveau à l'époque. Cette solution pratique présente un avantage visuel : le placement exact des boulons arrondis structure la façade. La fonction devient ornement, et le rôle non porteur de la façade se retrouvera ensuite dans toute l'œuvre de Wagner.

La pièce maîtresse de l'édifice est la salle des guichets, qui se situe exactement sur l'axe de symétrie. Au contraire de l'extérieur massif, le hall entièrement coiffé d'une verrière apparaît léger et comme ajouré. L'usage de cette pièce, où se rencontraient le personnel et la clientèle, devait être aussi agréable que possible. Wagner dota en outre la salle d'un plancher en briques de verre, approvisionnant ainsi les pièces inférieures en lumière naturelle. Là encore, Wagner fusionne pensée technique et esthétique. Chaque détail vise à faciliter l'utilisation et à rendre possibles par la suite manipulation, nettoyage et réparations. Les fins conduits d'aération en aluminium, placés devant les murs latéraux, s'apparentent ainsi à des sculptures, même si leur fonction technique est manifeste.

La Caisse d'épargne de la Poste était pour l'époque un bâtiment high-tech, et Wagner en fit une œuvre d'art totale où rien n'était laissé au hasard. Chaque détail est traité avec minutie : ascenseurs, lambris, radiateurs, tapis, bureaux, sièges et même coffres-forts – tout a été conçu par Wagner. L'évidence de la solidité et de la durabilité des matériaux ne participe pas seulement de la volonté d'excellence de Wagner, elle vise aussi à renvoyer une image fiable de l'établissement à ses clients. À cet égard, le caractère homogène de la façade combiné à l'effet « carapace » des plaques en marbre se comprend comme l'image symbolique d'un coffre-fort où les valeurs sont en sûreté. Ainsi, l'œuvre totale de Wagner n'inclut pas seulement la construction, la façade, les infrastructures techniques, le mobilier et les objets d'usage, mais aussi l'identité de l'entreprise des commanditaires publics.

La construction, qui occupe tout un îlot urbain, s'est faite en deux temps, néanmoins planifiés d'emblée par Wagner. La construction du deuxième module, réalisée entre 1910 et 1912, n'a donc demandé aucune modification notoire. Et rien, sinon une jointure entre les deux parties, n'indique qu'elles ont été réalisées séparément. L'église Saint-Léopold am Steinhof, réalisée à la même époque par Wagner au sein d'un hôpital psychiatrique, est un exemple similaire d'unité entre esthétique, fonctionnalité et durabilité. MN

Caisse d'épargne de la Poste, 1904–06
Vue sur la salle des guichets
Photographie de Keiichi Tahara

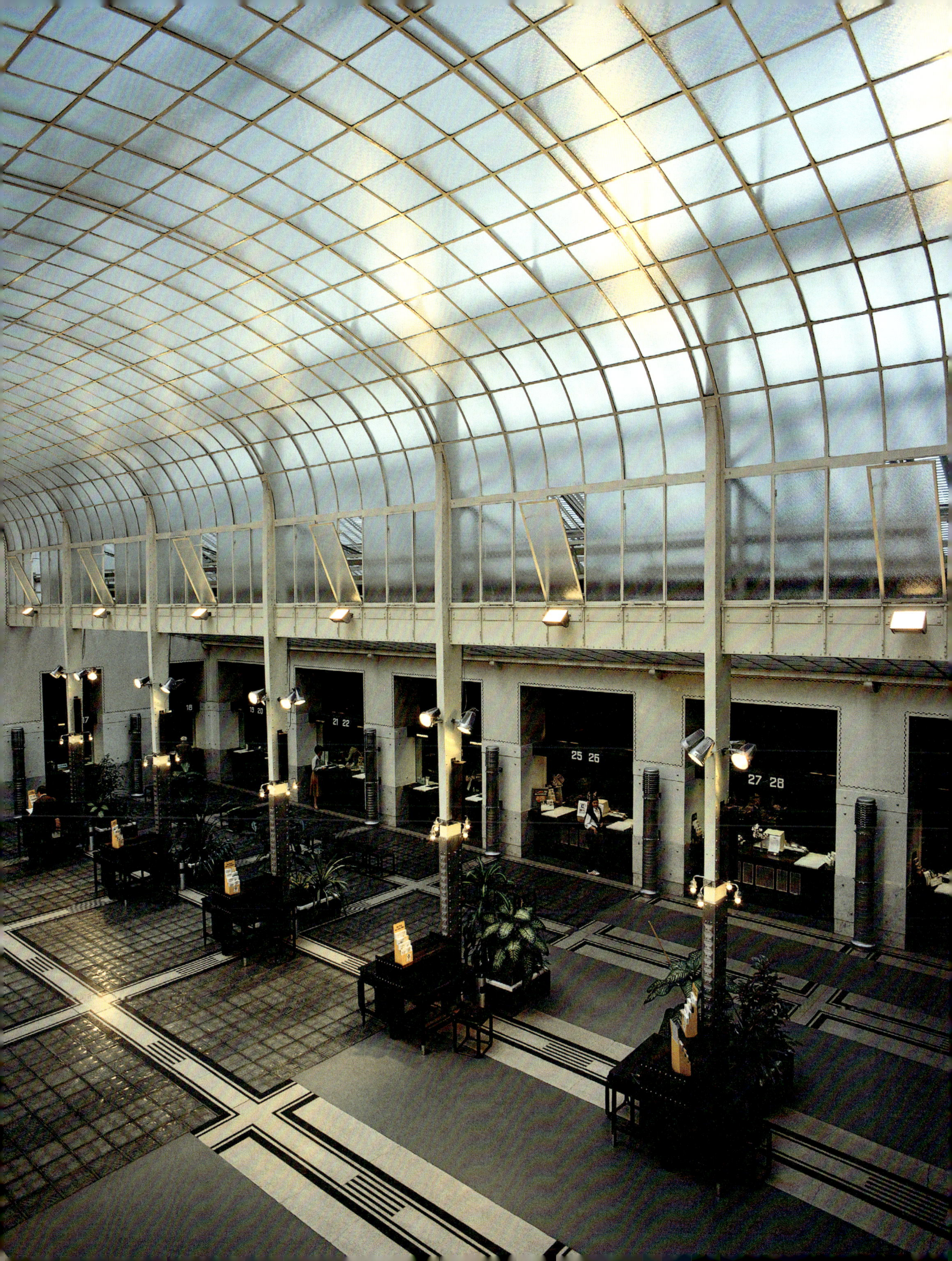
21 22
25 26
27 28

Josef Hoffmann

Palais Stoclet, Bruxelles, 1905–11

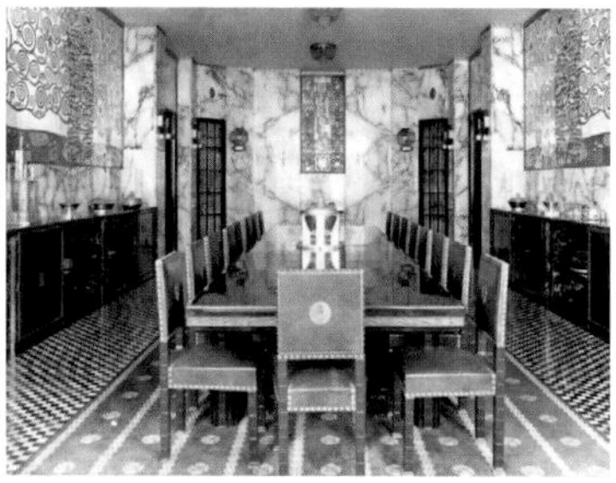

Salle à manger du ***Palais Stoclet***

Sur les dernières pages de l'*Arbeitsprogramm der Wiener Werkstätte*, publié en 1905 sous forme de cahier, le comité directeur résume encore une fois le portfolio de cette association de production. Il insiste sur le fait que l'on acceptera aussi « l'aménagement et la construction de bâtiments dans leur intégralité ». Le comité se compose des deux professeurs Josef Hoffmann et Koloman Moser et de l'industriel, collectionneur et mécène Fritz Waerndorfer. Après avoir, pour la satisfaction de tous, collaboré avec le duo pour sa propre demeure, ce dernier avait contribué à la formation de la Wiener Werkstätte.

L'atelier avait déjà exécuté des commandes semi-officielles renommées (intérieur du Salon des sœurs Flöge, sanatorium de Purkersdorf) et réfléchissait à des projets d'appartements. Toutefois, ce qui va alors leur être proposé surpasse tout ce qui a eu et aura lieu. Conçu à Vienne et réalisé à Bruxelles, quasi inchangé depuis sa réalisation, le Palais Stoclet est le parangon de l'œuvre totale viennoise.

Pour des raisons commerciales et familiales, la villa du couple formé par Suzanne (1874–1960) et Adolphe Stoclet (1871–1949), initialement prévue sur la Hohe Warte à Vienne, devait être élevée et meublée à Bruxelles. Berta Zuckerkandl, toujours la première et la mieux informée dans ce genre de nouvelles, relaie sur le champ à la presse que la Wiener Werkstätte s'agrandit. Au final, il est vrai qu'une bonne dizaine d'artistes participera à l'aménagement du prestigieux bien. Gustav Klimt compte parmi les élus, le maître d'ouvrage souhaitant qu'il se charge de la partie artistique de la salle à manger. Peu après, Klimt eut d'ailleurs une idée concrète, plutôt atypique pour son art. Et Waerndorfer de confier à Stoclet : « Klimt pense à quelque chose de grand, avec du métal, argenté, doré, de l'émail et des pierres semi-précieuses, etc. En bref, de vrais matériaux plutôt que du barbouillage à l'huile. »

Si Hoffmann est l'architecte et le cerveau artistique du projet, Waerndorfer, lui, joue les imprésarios enthousiastes. C'est lui qui fait le lien entre Klimt hésitant, souvent insatisfait des échantillons de matériau, et les artisans les plus divers ; c'est lui qui assure la coordination et l'avancement du projet. Il entretient une correspondance avec le commanditaire, relate les progrès faits, demande des comptes et passe d'un collectionneur à l'autre. Et quand, enfin, Leopold Forstner (1878–1936) ajuste dans les panneaux de marbre prédécoupés les tesselles, les plaques d'émail et les pièces en métal repoussé, les inserts en céramique, en verre et en nacre, Waerndorfer peut dire en plaisantant : « Je vous le dis franchement : vous ne méritez pas ce tableau. »

C'est aussi à lui qu'incombe la mission périlleuse d'annoncer à Klimt que Stoclet souhaite que le visage de sa danseuse soit amélioré. Le maître ne cèdera que parce que le financier retient son dernier versement. Après quoi, il semble que tout le monde ait été satisfait. On ne connaît pas les coûts exorbitants pour la réalisation de la villa, mais d'après ce que Waerndorfer annonce à Stoclet, la frise à elle seule se chiffrait à 117 000 couronnes, dont 60 000 d'honoraires pour Klimt et Forstner. Cette frise, où l'*Attente* se transforme, au gré de neuf plaques de marbre, en *Accomplissement* sous le regard d'un *Chevalier* qui veille, reste la seule mosaïque de Klimt. DG

Palais Stoclet, Bruxelles, 1905–11
Vue sur la façade côté jardin
Tirage argentique, 1910

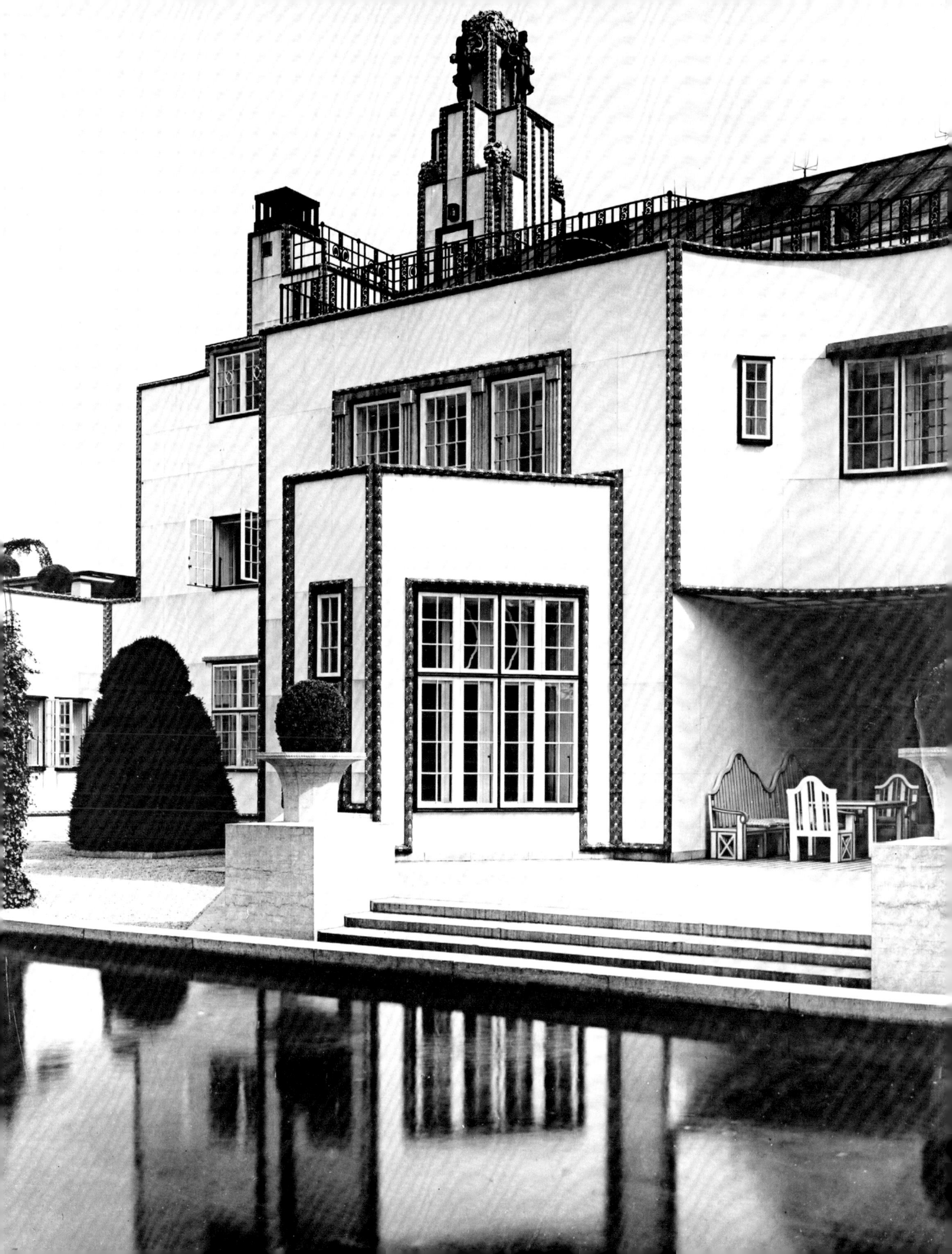

Moriz Jung
Conversation nocturne, 1907

* 1885 à Nikolsburg
† 1915 à Lubné

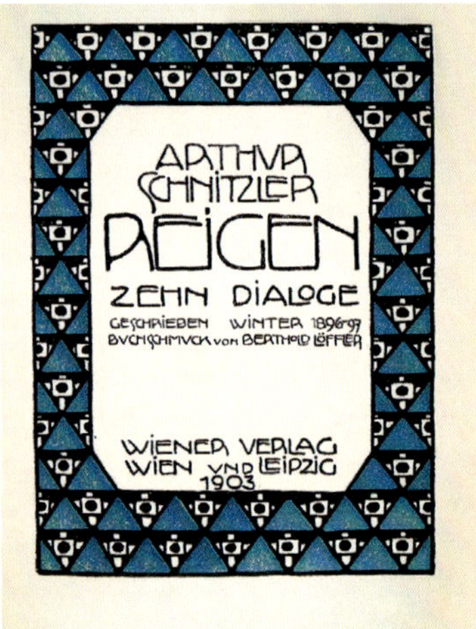

Bertold Löffler
Couverture de la première édition de ***La Ronde* (*Der Reigen*)** d'Arthur Schnitzler, 1903
Wiener Verlag, Vienne/Leipzig

On le sait : les possibilités en matière de communication sont multiples. Pour sa série de cartes postales, Moriz Jung imagina des situations cocasses. On y voit l'homme d'État et le rédacteur s'entretenir devant des kilomètres de paperasse, ou des rivaux en venir aux poings devant une belle. Sur une troisième carte, il s'agit de franchir un immense vide par téléphone tandis que sur une quatrième, entre un homme assis dans un café et son interlocuteur derrière la vitre, la seule communication possible est de gesticuler. À l'inverse de nombre de ses collègues dont les dessins sont souvent statiques, stylisés et résolument inscrits dans la bidimensionnalité, Jung, dans son œuvre graphique, se montre aussi percutant qu'à l'aise dans la narration. Parmi les quelque mille motifs qui composent les cartes illustrées de la Wiener Werkstätte, il conçut plusieurs séries, de six images pour la plupart, ainsi que des cartes à séquences imagées dans le style de la bande dessinée, également éditées en planches de plus grand format. Chacune de ces cartes peut être considérée pour elle-même, mais c'est l'ensemble qui révèle un panel grotesque de situations, et toute la pertinence ou l'humour de celui-ci.

La cinquième et – exceptionnellement – dernière carte de notre série illustre une *Conversation nocturne* au coin d'une rue. Un homme au chapeau enfoncé sur la tête et au col relevé fume. Sa silhouette en vaste aplat noir se découpe sur un mur blanc. Visiblement, il ne veut pas être reconnu. Sur le chapeau de la dame en vis-à-vis, une plume enhardie se dresse dans sa direction. Le bout du nez féminin suit le même mouvement et, plus bas, un petit morceau de cape à la masse indéfinie chevauche la ligne qui sépare les deux personnages, à l'angle du bâtiment. Le personnage féminin se résume à ce visage lumineux, à son couvre-chef et au manchon de fourrure où les mains disparaissent. On ne sait qui a entamé la discussion. Son issue en revanche ne fait aucun doute.

Qui ne songe pas, devant ce type de scènes, à Josefine Mutzenbacher (1852–1904), dite Pepi, figure emblématique de l'amour vénal dans la Vienne de la Belle Époque ? Dans la fiction *L'histoire d'une fille de Vienne racontée par elle-même*, la protagoniste narre avec volupté sa vie sexuelle débutée à l'âge de cinq ans, qui se termine lorsqu'elle fait ses débuts rémunérés dans la profession, à quatorze ans. Dès lors, Pepi poursuit son activité au cœur de la ville. Dans la réalité, certaines nymphes du Graben pouvaient alors se constituer un revenu approchant celui d'un conseiller à la cour.

Dans les espaces de vie exigus des prolétaires, ainsi que le roman sur Pepi nous l'apprend, l'éducation sexuelle est un passage obligé. Au sein de la haute bourgeoisie, ce sont les femmes de chambre et autres aides ménagères qui se chargent d'instruire les fils de la maison. Et chez les nobles, on fait appel à des « initiatrices », généralement des comédiennes. Seules les filles de bonne famille se rendent vierges à l'autel, entrant la plupart du temps en toute innocence dans un mariage rarement heureux.

Si l'on suppose que Felix Salten (1869–1945) se cache derrière l'auteur anonyme du fameux roman sur Pepi paru en 1906, Arthur Schnitzler répond quant à lui personnellement d'un immense scandale avec sa pièce de théâtre *La Ronde* (ill. p. 58), écrite en 1896/97. Car cette ronde d'amour, tout d'abord éditée pour un cercle privé en 1900, puis créée à Berlin en 1920, touche toutes les couches de la société. Trois décennies plus tard, Egon Friedell résumera de façon pertinente la pièce, déclarant que Schnitzler aurait « mis en scène la psychanalyse », alors même que cette théorie était encore en devenir. DG

Conversation nocturne, 1907
Lithographie couleur
Carte postale n° 66 de la Wiener Werkstätte

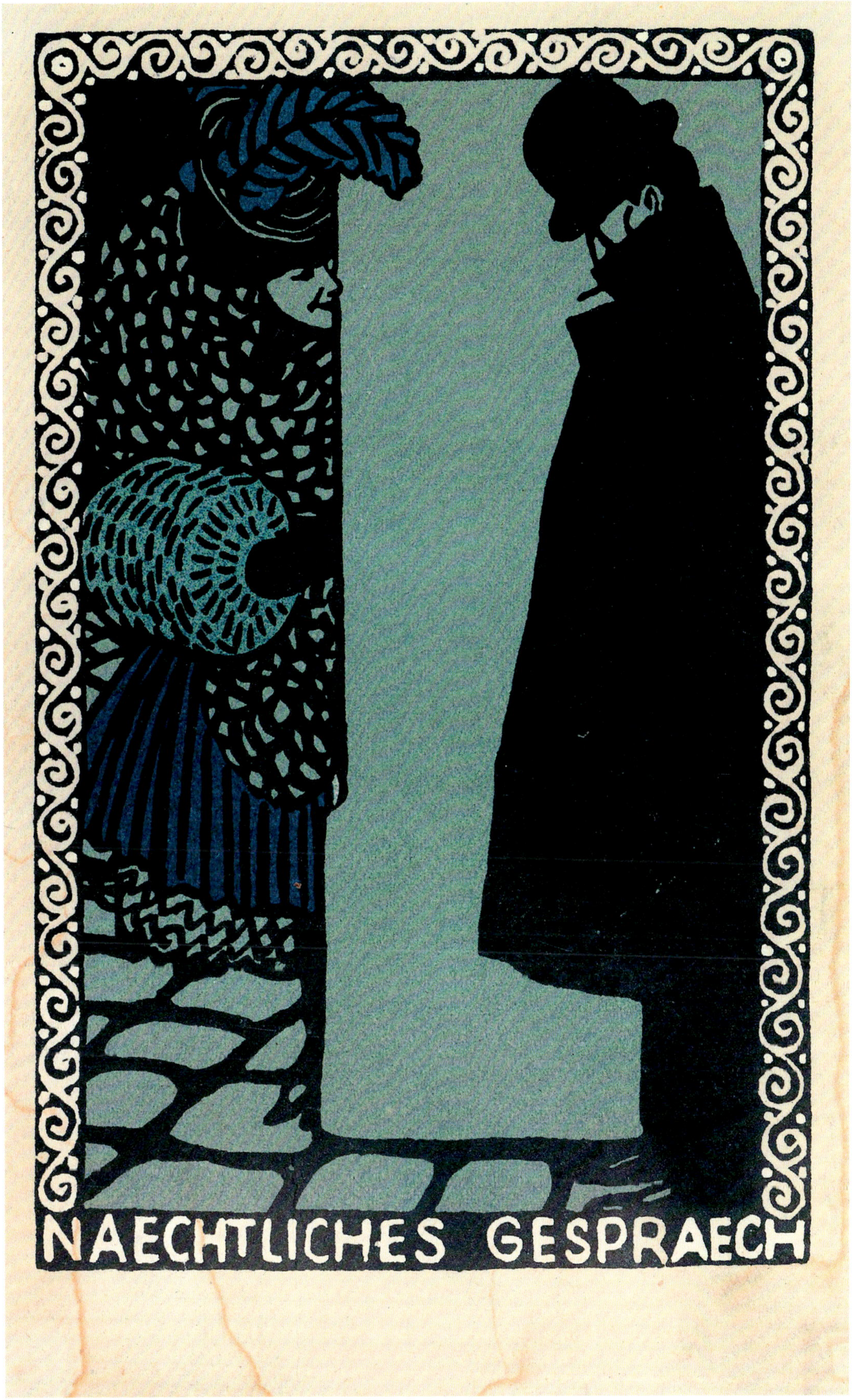
NAECHTLICHES GESPRAECH

Bertold Löffler
Affiche pour le Cabaret Fledermaus, 1907

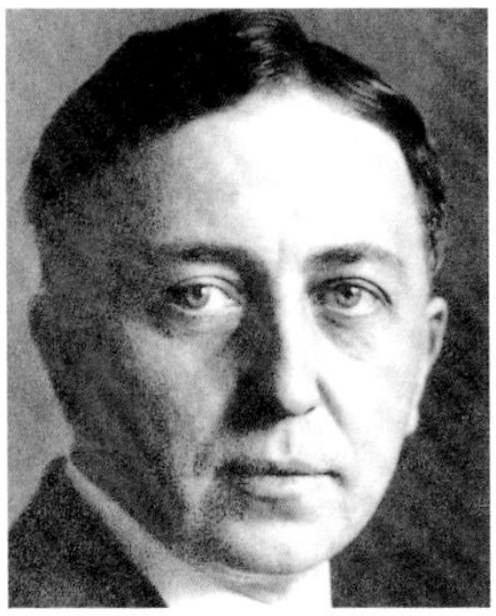

* 1874 à Nieder-Rosenthal
† 1960 à Vienne

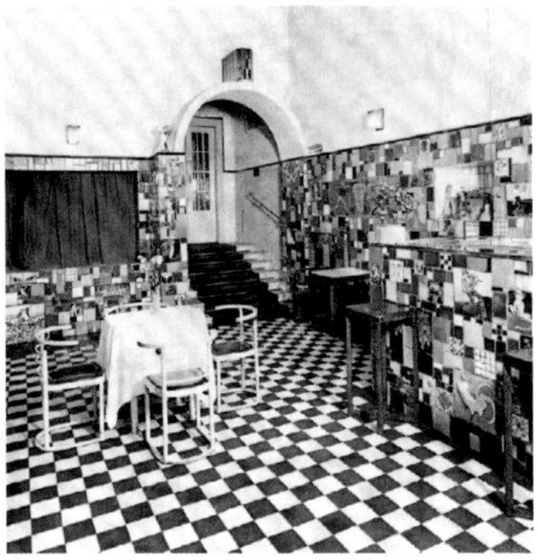

Entrée donnant sur le bar du Cabaret Fledermaus, 1907
Vienne 1er arr., Kärntnerstrasse 33

Affiche pour le Cabaret Fledermaus, 1907
Lithographie couleur, 63 x 43,5 cm

Quels sont les critères d'une bonne affiche en 1900 ? Des formes au trait net, des couleurs en aplats contrastants, et surtout pas de détail superflu. L'affiche ci-contre signée Berthold Löffler pour le Cabaret Fledermaus réussit cette gageure. La Wiener Werkstätte devait être consciente de son caractère emblématique, puisqu'elle la reproduisit en plus petit format (40 x 30 cm) et en carte postale (nº 71). Ce n'est cependant pas le seul motif à attirer l'attention sur ce projet qui, exceptionnellement, fit de la Wiener Werkstätte à la fois une exécutante et une commanditaire. Moriz Jung, par exemple, narrateur et graphiste de talent, illustre joyeusement pas moins d'une douzaine de numéros de variétés du cabaret, tandis que trois cartes postales (nº 67, 74, 75) nous permettent d'imaginer l'intérieur de cette œuvre totale conçue par Josef Hoffmann, aujourd'hui disparue, et dont il n'existe sinon que quelques rares clichés.

L'entrée du cabaret Fledermaus, situé en sous-sol, donnait directement sur le vestiaire et la salle de bar dont les murs (ill. p. 60), jusqu'à hauteur d'homme, étaient recouverts d'environ 7 000 carreaux variés de majolique réalisés par Löffler et Michael Powolny (1871–1954). L'effet de bric-à-brac chamarré de l'entrée était contrebalancé par une salle de spectacle raffinée. Si l'on fait exception des motifs bleu tendre de la moquette au sol, le contraste noir/blanc y prédominait. En collaboration avec l'entreprise Jacob & Josef Kohn, Hoffmann reprit pour le mobilier d'assise le principe de construction qu'il avait appliqué au *Modèle de salle à manger 322* du sanatorium de Purkersdorf ainsi qu'à la légendaire *Sitzmachine* (ou machine à s'assoir, modèle 670). La jonction des divers montants d'un meuble était stabilisée par des boules vissées sur les arêtes, ce qui rendait obsolète l'utilisation des cales habituelles. Provoquant un contraste chromatique certain, ces boules convenaient parfaitement au concept ludique du cabaret Fledermaus qui donna son nom à toute une série de meubles.

Le programme de la Wiener Werkstätte s'appliquait à l'ensemble du lieu jusque dans les moindres détails. La vaisselle en argent évoquant les formes de la période Biedermeier séduisait par sa simplicité ; les couverts incluant de petites fourchettes à maïs contentaient tous les souhaits ; la carte des boissons, tendue de cuir rouge et embellie à l'intérieur de papier marbré, portait le logo de l'établissement estampé en doré, ce même logo qui apparaissait aussi sur le badge individuel que les ouvreuses portaient au revers de leur habit. Les programmes proposés aussi étaient le fruit d'une réflexion artistique tout comme les coulisses, les costumes et les accessoires. Mais une fois de plus, la Wiener Werkstätte était allée au-delà de ses moyens financiers, si bien que le projet mit la clé sous la porte après deux saisons.

Non content d'être auteur et comédien pour le cabaret Fledermaus à partir de février 1908, Egon Friedell en fut aussi le directeur artistique (jusqu'en mai 1909). À l'occasion des vingt-cinq ans de la Wiener Werkstätte, il se souvient de l'établissement comme d'un « bijou d'intimité et de noblesse ». Josef Hoffmann, quant à lui, avait gardé en mémoire d'autres avantages. Le cabaret Fledermaus, ainsi qu'il l'écrit dans ses mémoires non publiées, lui donna la possibilité de réaliser une véritable œuvre d'art totale « sans être dérangé ni tourmenté par un commanditaire ». DG

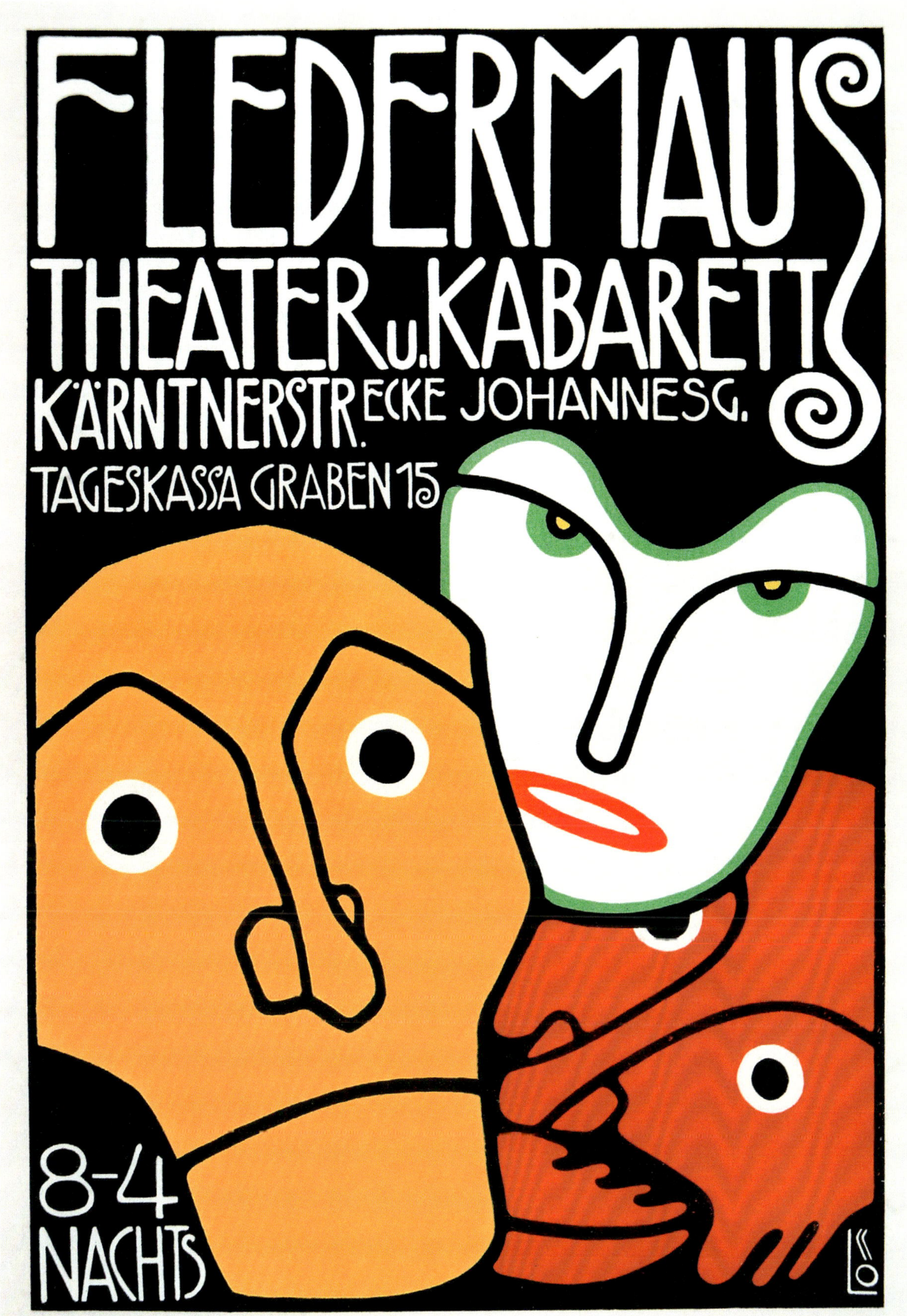
FLEDERMAUS
THEATER u. KABARETT
KÄRNTNERSTR. ECKE JOHANNESG.
TAGESKASSA GRABEN 15
8-4
NACHTS

Carl Otto Czeschka

Vitrine Wittgenstein, 1908

* 1878 à Vienne
† 1960 à Hambourg

« En matière d'arts appliqués, c'est l'œuvre la plus significative jamais réalisée dans la Vienne moderne », décrète le critique Ludwig Hevesi dans sa recension du Kunstschau de 1908 où l'objet fait son apparition – objet qui ne manque pas de marquer également ses confrères. Joseph August Lux (1871–1947) parle d'une « œuvre d'art de premier plan », tandis que Richard Muther (1860–1909) s'emballe pour cette pièce qui serait, « dans sa noblesse indicible, sa discrète combinaison de blanc, de noir, d'argent et d'or, une prouesse de goût des plus exquises ». Quelques lignes plus haut, il concède néanmoins, évoquant le prix des travaux de la Wiener Werkstätte : « Certes, ces objets sont loin d'être bon marché. »

De fait, la vitrine luxueuse réalisée par Carl Otto Czeschka était non seulement l'objet central de la salle de la Wiener Werkstätte, mais aussi, en tant que pièce unique, la « vedette du salon ». L'objet de prestige en argent reposant sur un socle en pin représente deux ans et demi de travail, et le catalogue de la Wiener Werkstätte cite le nom de neuf intervenants. Le livre de modèles révèle que la pièce fut achevée le 1er juin 1908 – jour de l'inauguration du salon – et chiffre les coûts matériels à 10 855 couronnes. Le prix de vente s'élève à 25 000 couronnes. Dès les premiers jours de l'exposition, l'ami et mécène de la Wiener Werkstätte Karl Wittgenstein se montra généreux et acheta la vitrine pour le salon rouge de sa propriété située Alleegasse (aujourd'hui Argentinierstrasse). Les sources d'alors mentionnent toutefois un prix d'achat porté à 30 000 couronnes, parfois même à 50 000. À titre de comparaison, *Le Baiser* de Klimt, acheté 25 000 couronnes par le ministère de l'Éducation, représentait déjà une brèche dans le budget.

Cette vitrine peut s'interpréter comme une provocation. Czeschka travaillait pour la Wiener Werkstätte depuis l'automne 1905 et cherchait à déjouer le « carréisme », surnom moqueur du principe de construction de Moser et Hoffmann reposant sur le carré. Il revint vers un vocabulaire des formes naturelles et, à cet égard, la vitrine est son chef-d'œuvre. Toutes sortes d'animaux, souris, écureuils, belettes et différents oiseaux, s'ébattent entre le feuillage stylisé et les fruits en pierres semi-précieuses, perles et nacre polies. La plaque supérieure est soutenue de chaque côté par une caryatide, avec des incrustations d'émail, de bois d'ébène et d'ivoire. Du fait du linéament souple, les différentes formes n'ont pas été sciées : le métal a été embouti avant d'être repoussé. Les matériaux les plus divers s'assemblent les uns aux autres dans une harmonie parfaite, ce qui contribue à faire de cette pièce opulente une prouesse de l'artisanat.

Czeschka aurait pu combler le vide créatif qui se forma auprès de Josef Hoffmann quand Koloman Moser quitta la Wiener Werkstätte. Mais lorsque la vitrine fut présentée au public, son créateur accepta une nomination à l'École des Arts appliqués de Hambourg. Quant à la vitrine, comme les héritiers de Wittgenstein, elle se retrouva aux États-Unis et fut rarement exposée. Elle ne connut pas moins de trois propriétaires différents. Le musée de Dallas au Texas est la première institution muséale à l'avoir acquis en 2014 pour une somme non précisée mais dépassant le million de dollars. Après une restauration exhaustive, elle a retrouvé sa splendeur initiale. DG

PAGE 63
Vitrine Wittgenstein (détail), 1908
Argent, pierre de lune, lapis-lazuli, nacre, perles, onyx, ivoire, émail, verre et placage de pin et d'ébène, 168,3 x 61 x 32,1 cm
Dallas Museum of Art, The Eugene and Margaret McDermott Art Fund, Inc.

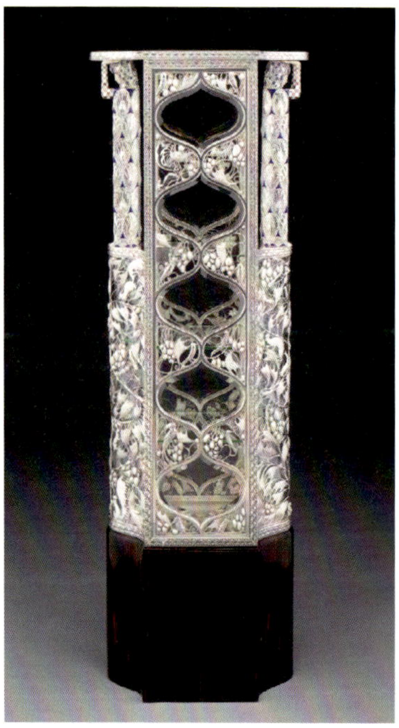

Vitrine Wittgenstein, 1908
Vue d'ensemble latérale

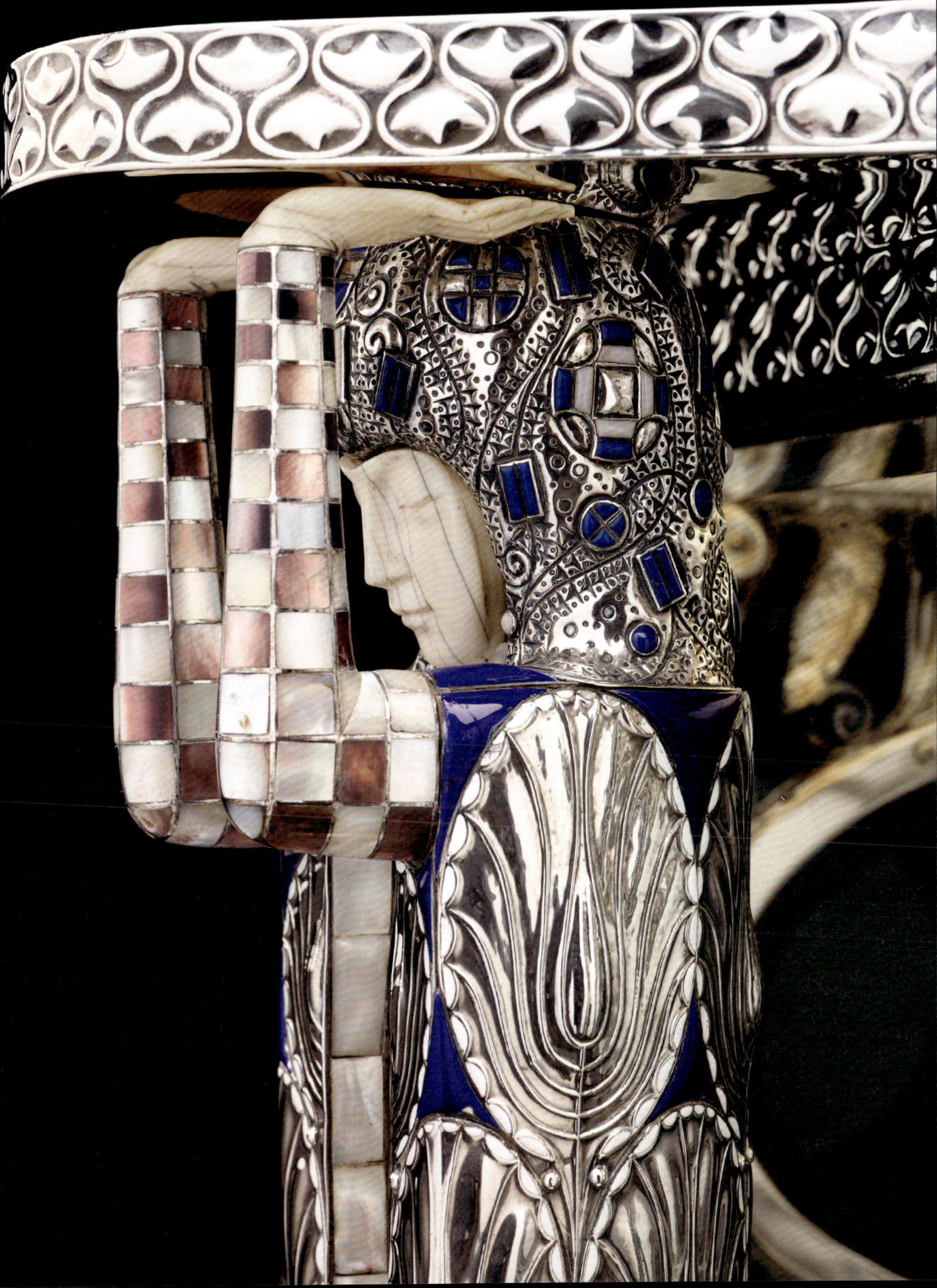

Richard Gerstl

Autoportrait nu, 1908

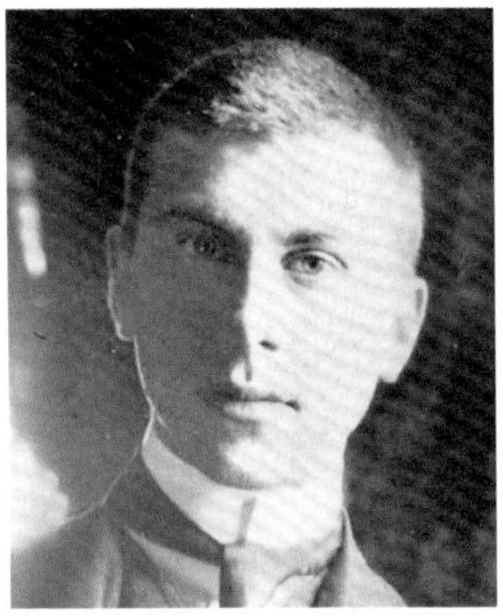

* 1883 à Vienne
† 1908 à Vienne

Il est dans la nature des choses que les artistes arrivés tôt à maturité tirent leur révérence au sommet de leur art. Richart Gerstl l'a fait de son plein gré, avant même de se trouver véritablement sur le devant de la scène. Lorsqu'il met fin à sa vie, à 25 ans seulement, il laisse une œuvre d'environ 80 travaux attestés, dont 60 subsistent. Aucun d'entre eux n'a été exposé de son vivant. Lorsqu'une coopération lui est proposée, il la refuse en prétextant ne pas vouloir paraître dans une exposition où Gustav Klimt est représenté.

Au reste, le jeune et sensible érudit qui étudie à l'École des beaux-arts, d'abord dans la classe de Christian Griepenkerl (1839–1916), puis auprès d'Heinrich Lefler (1863–1919), ne semble pas montrer d'intérêt prononcé pour le milieu de l'art viennois. En revanche, il s'intéresse aux tendances internationales. Il explore Vincent Van Gogh (1853–90), se tourne vers Edvard Munch (1863–1944), et les toilettes imposantes qu'il peint évoquent Édouard Manet (1832–83), qui aime alors étaler les robes sur toute la largeur de la toile. Mais Gerstl a aussi l'œil sur la production des Sécessionnistes. Il se mesure à Carl Moll et tente de contrer le style de Klimt en réalisant des compositions assez identiques, mais dans une facture radicalement contraire. Le maître n'en aura certainement pas pris ombrage ni remarqué la pique.

Les contacts de Gerstl se limitent à l'entourage du compositeur Arnold Schönberg qu'il rencontre en 1906. Il lui donne des cours de peinture, ainsi qu'à son épouse Mathilde. L'année suivante, tous deux le convient à participer à leur retraite estivale au bord du lac Traunsee, avec un cercle de mélomanes. C'est là, en pleine nature, qu'il exécute dans un style libre et imprécis une série de paysages alors déjà affectueusement surnommés « tableaux épinards » en raison de leurs copieux tons verts.

L'opulence qui transparait cet été-là dans ses verts éclatants s'appliquera l'année d'après à l'univers de l'artiste. Mais le rapport entre les protagonistes aura alors changé : le jeune artiste aura commencé une liaison avec la maîtresse de maison. Gerstl peint en plein air, à grands traits et dans des couleurs vives. Il peint la famille Schönberg, Madame Schönberg seule, ainsi que son frère, le compositeur Alexander von Zemlinsky (1871–1942) et toute l'assemblée d'estivants. Mais bientôt, la liaison est découverte et le jeune amant éjecté du cercle. L'œuvre s'achève le 12 septembre 1908, avec l'*Autoportrait nu*. Le 4 novembre, l'artiste détruit toutes ses lettres et ses documents avant d'attenter à sa vie.

Ses peintures sont stockées. En 1931, le frère de Gerstl approche le galeriste Otto Kallir (né Nirenstein, 1894–1978), qui accepte l'œuvre et organise une modeste exposition monographique itinérante à travers l'Allemagne. Après la guerre, quelques travaux sont exposés à la Biennale de Venise en 1956. En 1983, enfin, le musée de la ville de Vienne organise une première exposition exhaustive à l'occasion du 100e anniversaire de la naissance de l'artiste. Richard Gerstl, dans l'idée que l'on se fait aujourd'hui de la Vienne de 1900, est un peu considéré comme le quatrième homme, après le sempiternel trio Klimt/Schiele/Kokoschka. DG

Autoportrait nu, 1908
Huile sur toile, 139,3 x 100 cm
Vienne, Leopold Museum

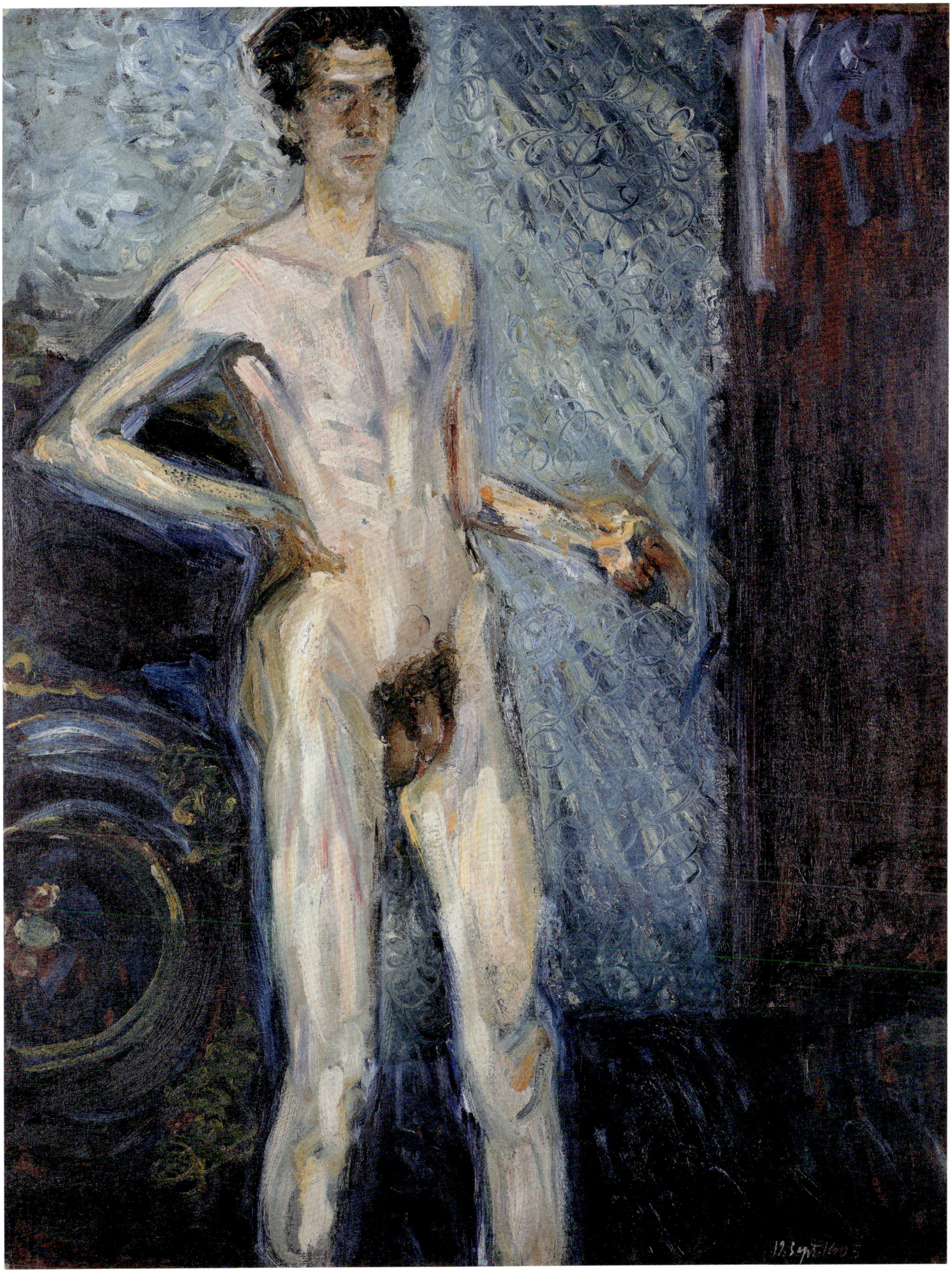

Oskar Kokoschka
Pietà, 1909

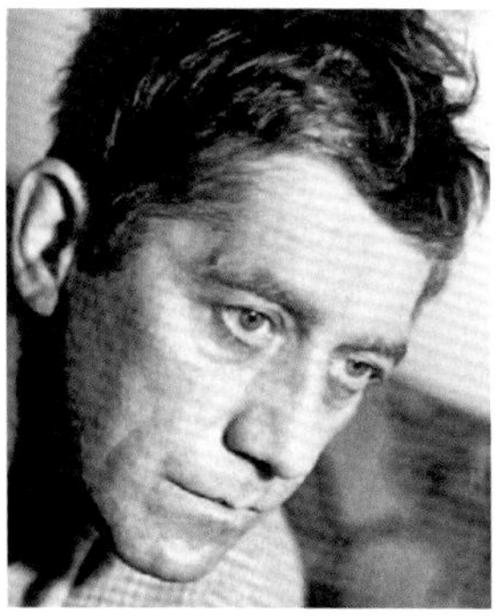

* 1886 à Pöchlarn
† 1980 à Montreux

« L'enfant est amoral », décrète Adolf Loos en 1908, suivant une mode qui faisait l'économie des majuscules d'usage en allemand, dans son essai *Ornement et Crime*, déjà célèbre rien que par son titre. Et de poursuivre : « Le papou l'est aussi pour nous. Le papou abat ses ennemis et les dévore. Ce n'est pas un criminel. Mais quand l'homme moderne abat quelqu'un et le dévore, c'est un criminel ou un dégénéré. Le papou tatoue sa peau, son canot, sa rame… Ce n'est pas un criminel. L'homme moderne qui se fait tatouer est un criminel ou un dégénéré. » Cette vision rudimentaire du monde présentée par Adolf Loos a, semble-t-il, particulièrement inspiré Oskar Kokoschka.

Chez ce dernier, le tatouage est une sorte de catalyseur d'un processus libératoire. Ce qui se passe à la surface de la peau ne signale pas un mauvais état d'esprit. C'est la physiologie du corps même. Le tatouage a quelque chose de primitif, Loos le sait. Kokoschka en fait une instance de son primitivisme. L'image sûrement la plus célèbre de Kokoschka datant du début de son époque viennoise déploie pour sa part un lacis de lignes et de hachures. C'est une affiche qui annonce à la fois une « tragédie » et une « comédie » programmées au Kunstschau de 1909, le rendez-vous des artistes évoluant autour de Klimt. On y voit une femme et un homme dans un impitoyable face à face : lui comme écorché, une masse de viande rouge crue ; elle, en revanche, d'un blanc grisâtre, la tête osseuse comme une tête de mort, son cou portant le tatouage des nerfs, des muscles et des tendons.

Ce face à face est une superposition, la femme tient devant elle le corps de l'homme évoquant un cadavre en putrescence. Une pietà se dessine, une image christique de la Vierge Marie éplorée tenant son fils Jésus Christ sur ses genoux. Mais se dessine aussi la Vienne de 1900, dans la reprise exacerbée de motifs de Gustav Klimt : *Les Amants* de la *Frise Beethoven* et le sentimental *Baiser*, emblématique de l'engouement pour le style fin de siècle. Egon Schiele, de quatre ans le cadet de Kokoschka et pour l'heure encore absent de son horizon, déclinera à son tour l'œuvre cliché de Klimt en lui donnant un tour blasphématoire avec *Cardinal et Nonne*, son couple de 1912.

Mais parlons aussi de l'évènement pour lequel la lithographie de Kokoschka joue les affiches de théâtre. La tragédie *Assassin, espoir des femmes* est créée le 4 juillet 1909, dans le cadre du Kunstschau. La comédie, intitulée *Sphinx et homme de paille*, a pour sa part déjà été jouée, dans le cadre d'une matinée consacrée à Kokoschka, le 29 mars de la même année au Cabaret Fledermaus. *Assassin, espoir des femmes* ne thématise rien de moins que la guerre des sexes et la violence : « Qui est-elle celle qui comme un animal se repaît fièrement parmi eux ? » demande le protagoniste masculin, simplement appelé « homme », dans une langue rappelant le *Cantique des cantiques*. Et l'on y scande : « Vous les hommes marquez au fer rouge mon signe dans ma chair. » La prédilection expressionniste pour le grandiloquent et l'hystérique, pour la déclamation et l'enlisement dans les circonstances est déjà très présente. À l'occasion de la première, le critique Ludwig Hevesi, fidèle compagnon de route des Sécessionnistes, forgera le terme d'« Oberwildling » en parlant de Kokoschka : Chef Sauvage. L'artiste saura se montrer à la hauteur. RM

Pietà, 1909
Affiche pour le Kunstschau
Lithographie couleur,
118,1 x 76,2 cm

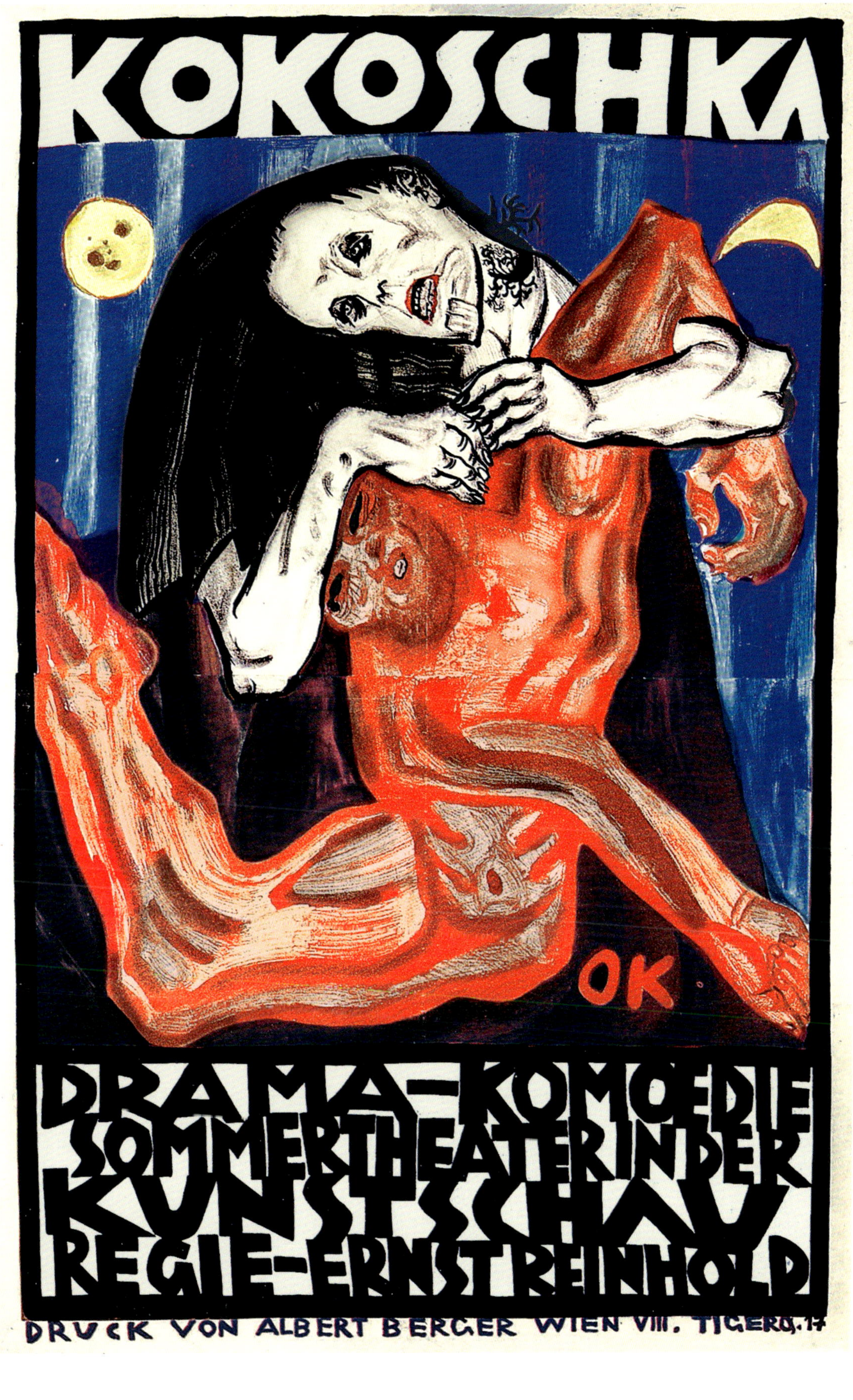
KOKOSCHKA
OK
DRAMA-KOMOEDIE
SOMMERTHEATER IN DER
KUNSTSCHAU
REGIE-ERNST REINHOLD
DRUCK VON ALBERT BERGER WIEN VIII. TIGERG. 17

Ditha Moser
Calendrier pour l'année 1910

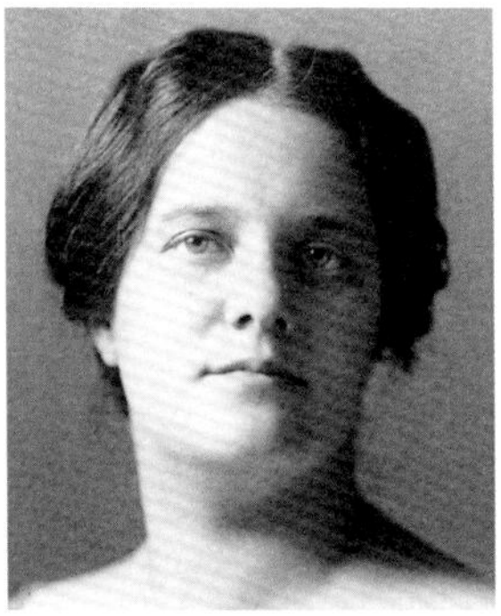

* 1883 à Vienne
† 1969 à Mödling

Ditha Moser est une fille bien née. C'est une certitude. De son vrai nom Editha von Mautner Markhof, elle voit le jour dans une famille dont la fortune, générée par l'une des plus grosses brasseries d'Europe et la production de levure pressée et d'alcool à brûler, est colossale. Elle vit une enfance heureuse jusqu'au suicide de son père en 1896 et, par la suite aussi, demeure à l'abri des soucis, au moins financièrement.

Musicienne et artiste talentueuse, elle commence par étudier l'architecture auprès de Josef Hoffmann en 1902 à l'École des arts décoratifs. Jusqu'en 1905, elle suivra en outre des cours de dessin anatomique, écriture et héraldique chez Carl Otto Czeschka et Rudolf von Larisch (1856–1934) et apprendra le tissage à la main et l'émaillage chez Leopoldine Guttmann (1856–1939) et Adele von Stark (1859–1923).

Ditha Moser fait partie de cette première génération de femmes à qui diverses voies s'ouvraient pour se former. Depuis 1892, les jeunes filles avaient accès à l'éducation dans des établissements privés. Et à partir de 1897, l'université s'ouvrit peu à peu à elles, à commencer par la faculté de philosophie. Avant cette date, les étudiantes en sciences étaient redirigées vers Zurich pour terminer leurs études, l'une des villes acceptant les femmes dans leurs établissements supérieurs depuis les années 1860. Si l'accès à l'Académie des beaux-arts de Vienne est encore interdit au sexe féminin jusqu'à la fin de la Première Guerre mondiale, l'École des arts décoratifs fut ouverte aux femmes dès le début – non sans diverses restrictions. Le Graphische Lehr- und Versuchsanstalt (Centre de recherche et de formation en arts graphiques) acceptait aussi les femmes dans certaines matières. Au-delà, il restait les écoles de peinture privées et les études en externe auprès de professeurs académiciens, qui se faisaient un complément de revenu en donnant des cours particuliers à des étudiantes.

La jeune artiste, qui épousera à l'été 1905 Koloman Moser, son aîné de quinze ans, et lui donnera deux fils, se destine à la conception graphique. Elle est aujourd'hui connue pour deux jeux de cartes et trois calendriers édités à petit tirage entre 1906 et 1911, sans doute en guise de cadeau pour la famille et les amis. En 1906 paraît son jeu de tarot, dans lequel les motifs sont inspirés des lieux familiers de son environnement et dont le critique d'art Ludwig Hevesi dira que personne ne jouerait la dame de cœur, si jolie qu'on ne pourrait s'en séparer. Les personnages créés par Ditha Moser sont très souvent stylisés et géométriques, ils ont toujours représentés de manière strictement frontale ou de profil.

Le calendrier carré de 1910, noir et or sur papier crème, est plié façon Leporello. Il n'est pas divisé par mois, mais par jour, les illustrations présentant les divinités correspondantes de la cosmologie antique. Moser réalise pour chaque jour un motif plat; elle développe tous ses personnages à partir d'un rectangle, d'où le corps et ses caractéristiques individuelles ne semblent surgir que dans la partie supérieure. La police utilisée est aussi le fruit de sa conception, et l'ensemble, en tous points harmonieux, peut ainsi être considéré comme un modèle du graphisme publicitaire de l'époque. Même si les jeux de cartes de Ditha Moser sont réédités depuis des années, il convient de se souvenir que les travaux pour lesquels elle est connue étaient réservés à un cercle restreint. Malgré tout son talent, la graphiste devait rapidement mettre un terme à son activité artistique. La fille bien née était devenue une épouse. DG

Calendrier pour l'année 1910
Pages du calendrier des dimanche et lundi
Gravure sur bois, 16 x 16 cm (feuillet)
Vienne, Österreichisches Museum für angewandte Kunst

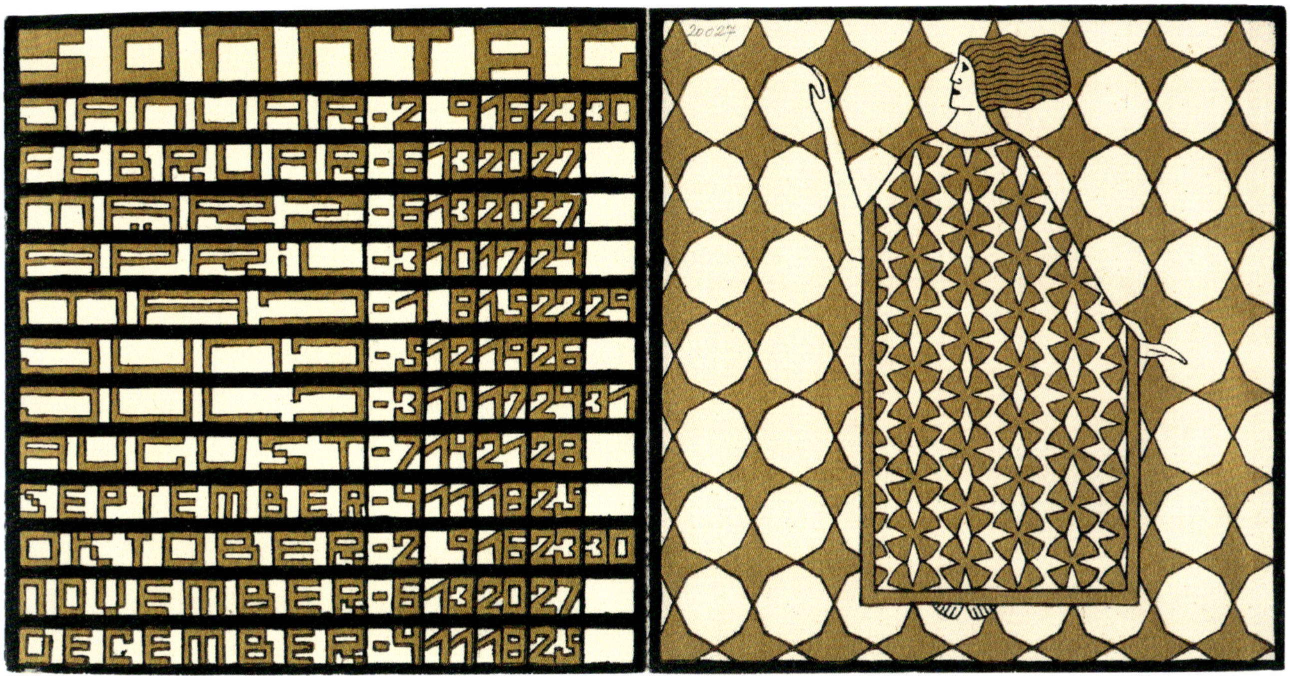
SONNTAG

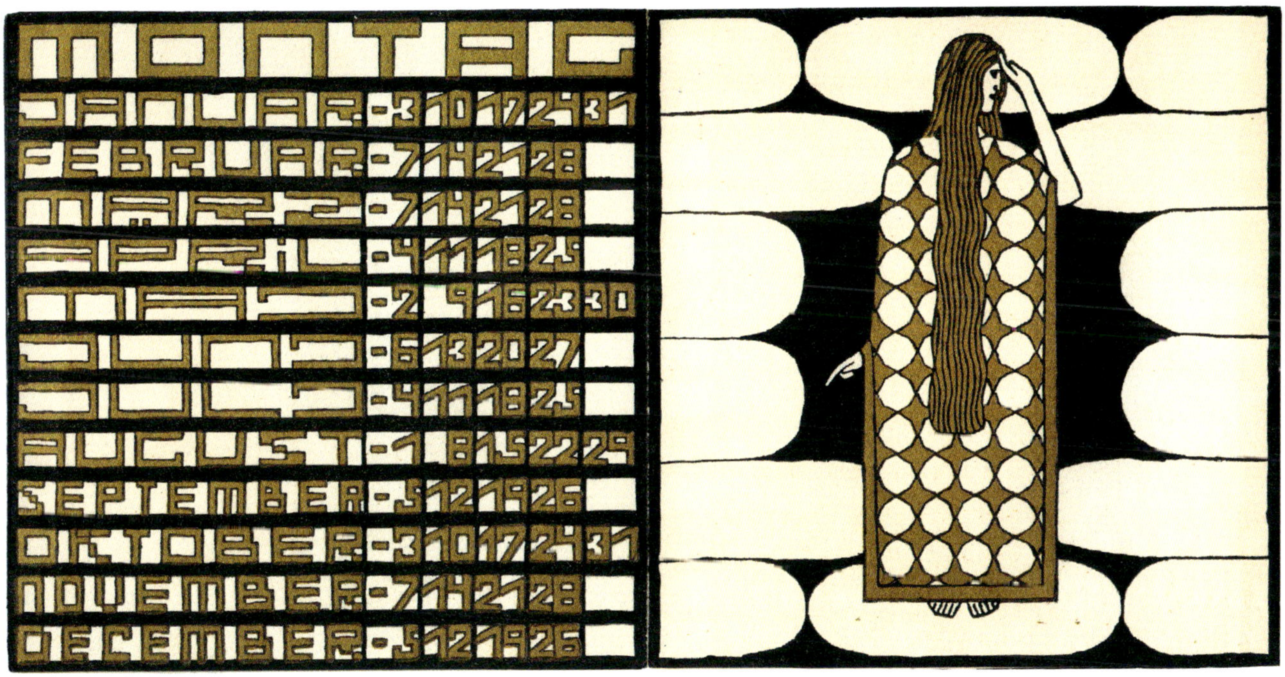
MONTAG

Adolf Loos

La Maison Loos sur la Michaelerplatz, 1910/11

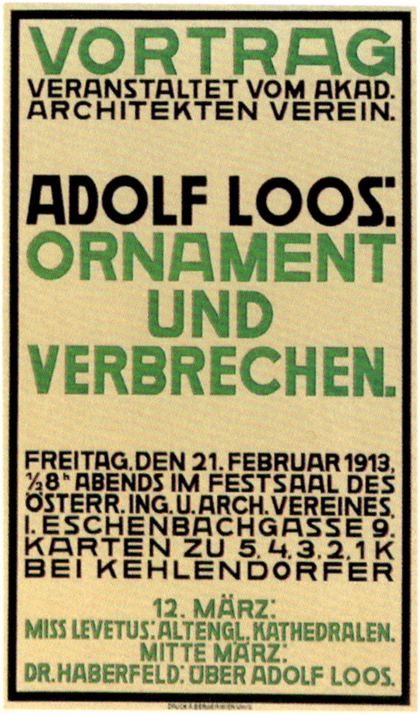

Affiche pour la conférence ***Ornement et Crime*** d'Adolf Loos, 21 février 1913

PAGE 71
Affiche pour la conférence ***Un immeuble hideux*** d'Adolf Loos, 11 décembre 1911

La Maison Loos sur la Michaelerplatz, 1910/11
Photographie de 1913

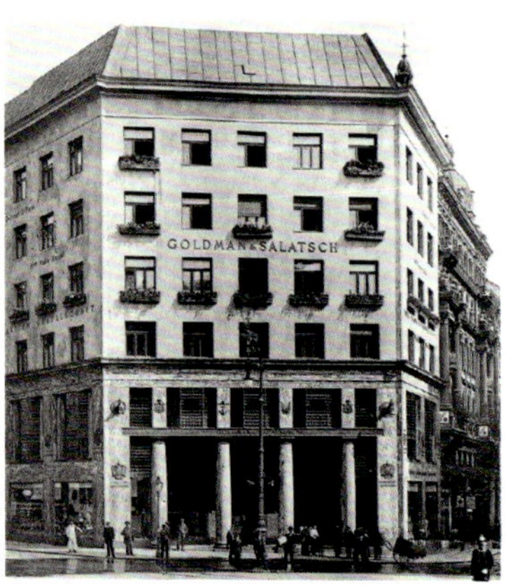

« J'ai fait la découverte suivante, que j'ai offerte à l'humanité : l'évolution de la culture concorde avec la disparition de l'ornement des objets utiles. J'ai cru répandre ainsi une joie nouvelle dans le monde qui ne m'en a pas remercié », rapporte Adolf Loos non sans mélancolie dans son essai marquant *Ornement et crime*. Inutile d'aller bien loin pour comprendre à quel édifice il fait alors allusion. Le vaste bâtiment édifié sur la Michaelerplatz est un condensé de sa vision radicale de l'architecture, et la tournure « ne m'en a pas remercié » décrit de façon bien modérée la réaction qu'il suscita.

L'aversion de Loos pour l'ornementation reposait sur de solides arguments. Le Ring, la Hofburg et les immeubles Gründerzeit faisaient à l'aube du 20e siècle étalage de leur historicisme. Des pièces éparses du passé étaient souvent utilisées à outrance et au hasard. Le décor des façades suppurait. Ce fourvoiement horrifiait Loos, influencé par ses voyages à Londres et aux États-Unis où il avait élargi ses horizons. Concevoir un immeuble commercial pour la Michaelerplatz, l'un des points névralgiques les plus fréquentés du centre-ville, en face de la Hofburg, était une chance doublée d'un défi. L'occasion s'en était présentée à lui lorsque les propriétaires du magasin de mode Goldman & Salatsch, mécontents des résultats du concours lancé en 1909 pour élever un nouveau bâtiment, choisirent directement leur architecte.

À l'achèvement de la façade, en septembre 1910, les habitants de Vienne poussent des cris d'orfraie. Tous les étages sont recouverts d'un simple crépi, les fenêtres dénuées de tout encadrement. La presse ricane et parle d'« un immeuble sans sourcils ». On raconte que dès lors, l'empereur François-Joseph Ier détournait le regard en passant sur la Michaelerplatz. Loos s'impose néanmoins grâce au soutien de ses collègues et confrères. En réalité, il n'avait nullement pour intention de provoquer et ne cherchait pas non plus à éviter le décor coûte que coûte. Pour lui, les étages de bureau étaient tout simplement moins prestigieux que les lieux de vente et il n'y avait donc pas de raison d'en décorer les fenêtres. L'ossature en béton armé, quant à elle, correspondait à l'état d'avancement de la technique de l'époque. Et au rez-de-chaussée, la façade est tout sauf spartiate, pas plus que ne le sont, à l'intérieur, les espaces destinés à la vente, pour lesquels l'architecte choisit des matériaux nobles tels que le marbre et l'acajou et fit venir des vitrines d'Angleterre.

Loos pensait en enfilade de pièces et non en étages empilés. Il décidait pour chaque pièce d'une hauteur appropriée. Avec cet édifice, signal clair du passage vers la modernité, il s'écartait résolument de l'association entre arts plastiques et architecture telle que les Sécessionnistes l'avaient propagée. Sa devise : « L'œuvre d'art arrache les hommes à leur commodité. La maison ne sert qu'à la commodité. [...] Il n'y a qu'une faible partie du travail de l'architecte qui soit du domaine des Beaux-Arts : le tombeau et le monument commémoratif. Tout le reste, tout ce qui est utile, doit être retranché de l'art. » Pour Loos, l'unité forme/fonction ne signifiait pas la même chose que pour les futurs architectes du Bauhaus. Il ne cautionnait pas un produit industriel clinique, mais une adéquation. Et finalement, les Viennois lui sauront gré de cet immeuble austère en lui donnant son nom : la Maison Loos est classée monument historique depuis 1947. MN

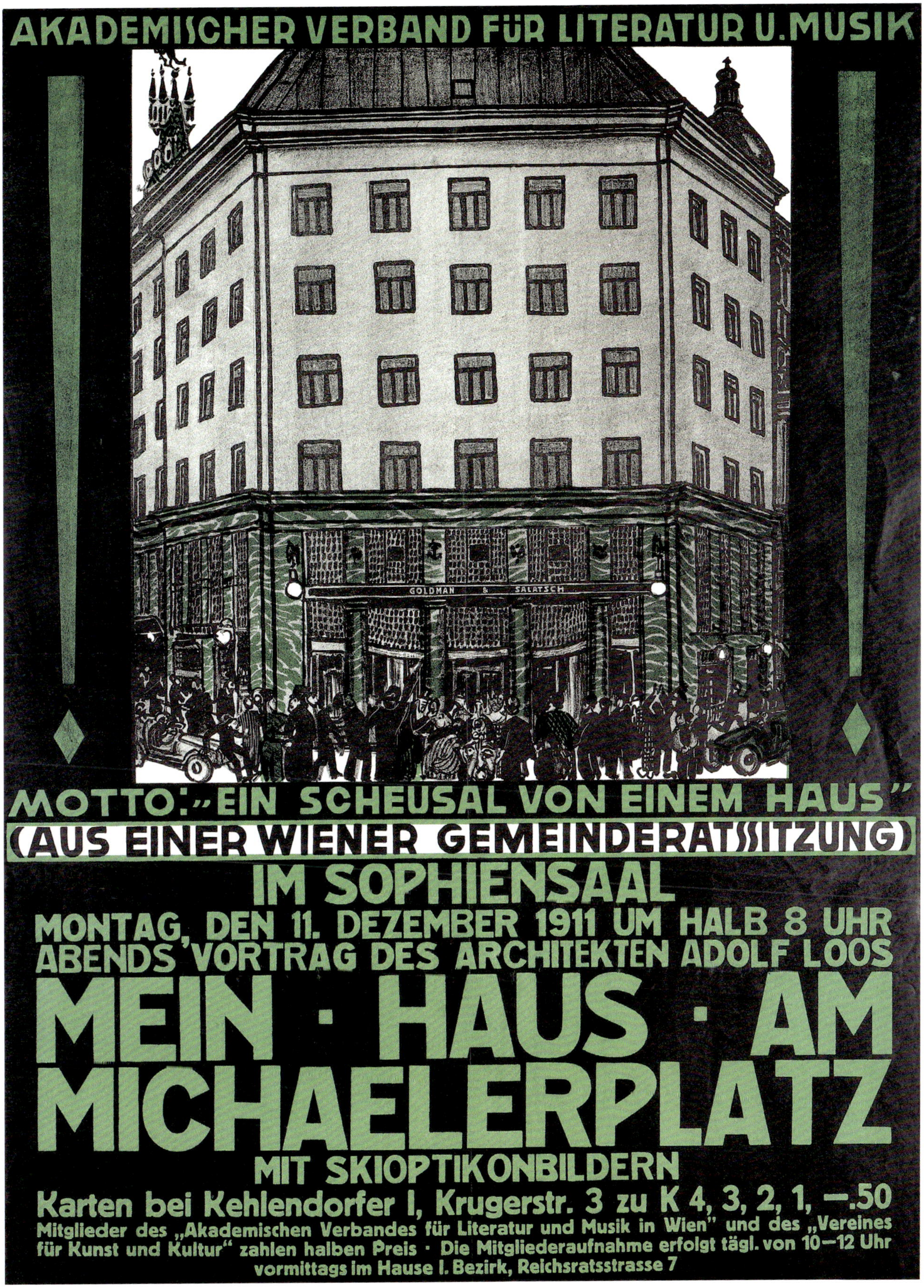
AKADEMISCHER VERBAND FÜR LITERATUR U. MUSIK
GOLDMAN & SALATSCH
MOTTO: „EIN SCHEUSAL VON EINEM HAUS"
(AUS EINER WIENER GEMEINDERATSSITZUNG)
IM SOPHIENSAAL
MONTAG, DEN 11. DEZEMBER 1911 UM HALB 8 UHR
ABENDS VORTRAG DES ARCHITEKTEN ADOLF LOOS
MEIN · HAUS · AM
MICHAELERPLATZ
MIT SKIOPTIKONBILDERN
Karten bei Kehlendorfer I, Krugerstr. 3 zu K 4, 3, 2, 1, –.50
Mitglieder des „Akademischen Verbandes für Literatur und Musik in Wien" und des „Vereines
für Kunst und Kultur" zahlen halben Preis · Die Mitgliederaufnahme erfolgt tägl. von 10–12 Uhr
vormittags im Hause I. Bezirk, Reichsratsstrasse 7

Arnold Schönberg

Regard, 1910

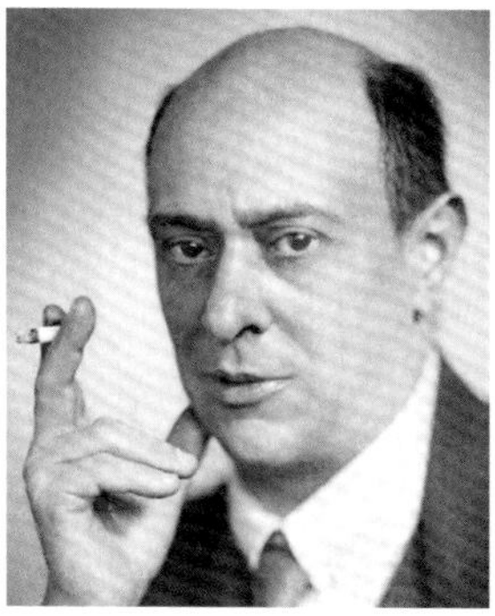

* 1874 à Vienne
† 1951 à Los Angeles

Dans la métropole prônant le principe de l'œuvre d'art totale, on se dit que les artistes protéiformes devaient courir les rues. Or, ce n'est pas le cas. Les maîtres se confinaient docilement à leur domaine de compétences. Quand les architectes se consacrent au design et les peintres à la décoration intérieure, ils ne sortent pas de leur corps de métier. Arnold Schönberg fait ici exception. Compositeur et musicien, celui qui déclencha dans les années 1920 l'une des révolutions les plus brûlantes de la modernité avec le dodécaphonisme se distingua aussi en tant que peintre.

En voyant la signature de Schönberg sur les tableaux, on y regarde donc à deux fois. On se retrouve même les yeux dans les yeux, si l'on peut dire, puisque plus d'une douzaine d'œuvres peintes par Schönberg évoquent par leur titre l'acte même de regarder. C'est le cas du *Regard*, daté de mai 1910. La tableau petit format porte à la vue un plan très rapproché sur un visage. Celui-ci n'est presque que regard, car les yeux, miroirs de l'âme, cherchent ici intensément le contact. Difficile de dire s'ils sont chargés d'angoisse ou cherchent seulement à fixer. Ils ont en tout cas – ce qu'accentue leur contour rouge – quelque chose d'envoûtant. La tête prend la forme reconnaissable d'un crâne. La bouche et le nez s'apparentent à des corps creux, comme s'il y avait eu momification. Il n'y a pas d'oreilles. Cette réduction notable, à laquelle un homme à l'ouïe exceptionnelle s'entraîne avec une retenue toute démonstrative, est présente sur tous les « tableaux regardant » de Schönberg.

Dans l'ensemble, ces œuvres littéralement spectaculaires se montrent très radicales. On se dit qu'il a un peu trop forcé le trait sur le côté appellatif des visages. Il n'empêche que ceux-ci lui ont permis de faire son entrée dans l'Histoire de l'art. Il est même le seul des héros de l'art viennois à figurer dans la charte fondatrice d'une avant-garde internationale : l'almanach du *Blauer Reiter* (Cavalier bleu), publié à Munich début 1912. Cet almanach faisait suite à une exposition à laquelle Schönberg n'avait pas participé. Mais il était présent dans la brochure explicative, à travers deux illustrations et un essai intitulé « Le rapport au texte ». C'est ainsi que le musicien, présenté ici en tant que peintre, jouait aussi la carte de l'écrivain – une polyvalence artistique qu'il qualifiait lui-même de « démarche parallèle ». Qu'il se soit ensuite essayé au métier de scénographe correspond à cette image polymorphe.

À la publication de l'almanach, Schönberg avait déjà enseveli sa veine picturale, son activité d'artiste visuel s'étendant très précisément de 1908 à 1911. Son activité de compositeur lui avait rapporté trop peu. Ce qu'il voulait surtout, c'était faire de l'argent. Et en 1910, il eut effectivement la possibilité d'une première exposition solo à Vienne, dans le salon d'art Heller. Il s'imaginait pouvoir vendre ses tableaux entre 200 et 400 couronnes pièce, une somme considérable. Sa justification ne manque pas d'intérêt : il pensait qu'un acheteur posséderait alors une œuvre picturale signée d'un personnage crucial dans l'histoire de la musique et que le public nourrissait ainsi la polyvalence des talents. On ne sait si cette logique provoqua plusieurs achats. On sait en revanche que Gustav Mahler, son ancien maître et chef de file de la musique à Vienne à la Belle Époque, acquit plusieurs tableaux. Dans l'anonymat, afin de ne pas vexer le maestro. RM

Regard, 1910
Huile sur carton, 32,2 x 24,6 cm
Vienne, Arnold Schönberg Center

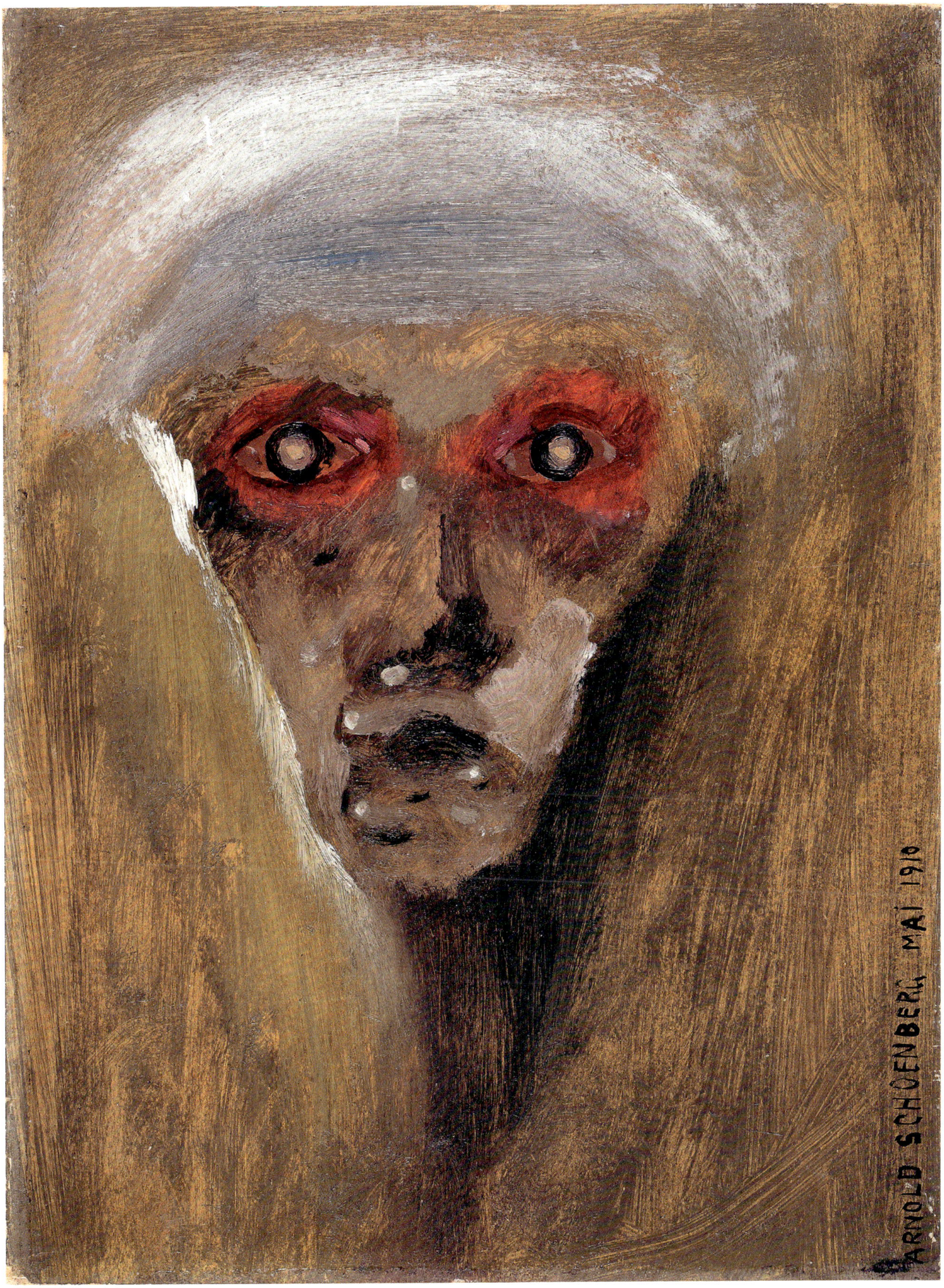
ARNOLD SCHOENBERG MAI 1910

Egon Schiele
Nu masculin assis (Autoportrait), 1910

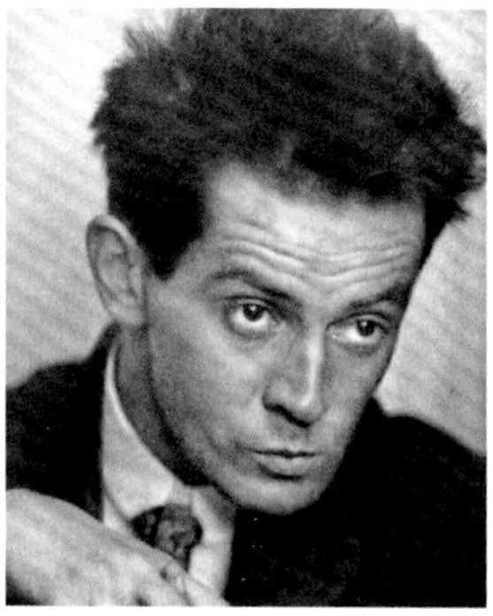

* 1890 à Tulln
† 1918 à Vienne

Egon Schiele était en avance sur son temps. Dès 1908, après deux ans passés à l'Académie des beaux-arts de Vienne, il forge son style anguleux incomparable, à l'époque encore imprégné d'ornementation Jugendstil. *Garçon nu, allongé sur une couverture à motif* et *Fleurs stylisées sur fond décoratif* illustrent parfaitement cet entre-deux.

L'année suivante, il abandonne tout élément de décor. *Tournesol* et *Arbre d'automne et fuchsia* semblent en effet se détacher du fond neutre aux tons blancs. Et en 1910, à seulement 20 ans, il s'affranchit de tous ses maîtres. « Avec une fureur impressionnante », comme le formule Tobias G. Natter, spécialiste de Schiele, il développe « un répertoire expressif qui redéfinira l'art de la modernité ».

Il anticipe avec une radicalité inégalée la culture actuelle et égocentrique du selfie – planté en modèle efflanqué devant le miroir, prenant des poses non conventionnelles, faisant des grimaces, sondant son for intérieur, son corps, à travers son propre portrait. Natter affirme qu'il s'agit « d'un dessaisissement de soi, voire souvent d'une déformation, nés du goût pour les jeux de rôles et du plaisir qui en découle, mais également empreints de véracité et du courage de se dévoiler ». À cette époque, en 1910, Schiele transpose avec frénésie sur des toiles grand format beaucoup de ce qu'il a jusqu'alors testé à petite échelle : inscrit dans une toile presque carrée de 1,50 m de côté, son *Nu masculin assis* est un torse, un autoportrait dont Schiele ne surpassera sans doute jamais plus l'intensité expressive et la couleur.

La même année, il fait la connaissance du riche collectionneur Carl Reininghaus (1857–1929). Ce fils aîné d'un brasseur acquiert plusieurs dessins de Schiele, dont le *Nu masculin*, pour une somme bien supérieure à ce que le jeune peintre pouvait en réalité exiger. Natter rapporte que Reininghaus partageait l'intérêt de Schiele pour l'érotisme et qu'en 1912, il le soutint durant l'affaire de Neulengbach, lors de laquelle le peintre, soupçonné de détournement de mineure et de viol, fut placé en détention provisoire. Le chef d'inculpation s'avéra infondé, mais le tribunal le condamna pour diffusion de dessins outrageants aux bonnes mœurs. Un an plus tard, l'amitié entre les deux hommes décline. Schiele meurt en 1918, Reininghaus en 1929. Sa collection pâtit de problèmes de succession. Le destin du *Nu masculin assis* reste flou. L'œuvre aurait ensuite appartenu à une certaine Friedl Aigner, une femme âgée qui, sous le régime nazi, aurait relégué le nu dans une cave à charbon suite à la remarque méprisante d'un chef de section locale ayant qualifié l'œuvre de « tableau dégénéré ».

C'est ce qu'avançait l'ophtalmologiste Rudolf Leopold (1925–2010), qui acquit la toile aux enchères en 1954, au Dorotheum de Vienne. À l'époque, la direction de la maison des ventes n'aurait même pas osé lui montrer la toile. Et les marchands d'art, dans un discours teinté de nazisme, auraient déclaré que ledit nu était « étranger à la race », qu'il constituait une « honte pour l'Autriche » et méritait d'être brûlé. Le collectionneur, comme il le rapporta lui-même, était d'après eux « un parfait imbécile » puisqu'il avait acheté ce tableau pour 3 000 schillings – à vrai dire, une somme ridiculement basse. Devant un Schiele, les yeux de Leopold se mettaient toujours à briller. Le logo choisi pour le Leopold Museum reflète l'importance considérable de l'artiste pour le collectionneur. Il reprend l'une des trois silhouettes aux jambes écartées de la *Composition avec trois hommes nus* que Schiele, en 1910, avait dessinée à l'encre de Chine sur une petite feuille de papier. TT

***Nu masculin assis* (*Autoportrait*)**, 1910
Huile et gouache sur toile,
152,5 x 150 cm
Vienne, Leopold Museum

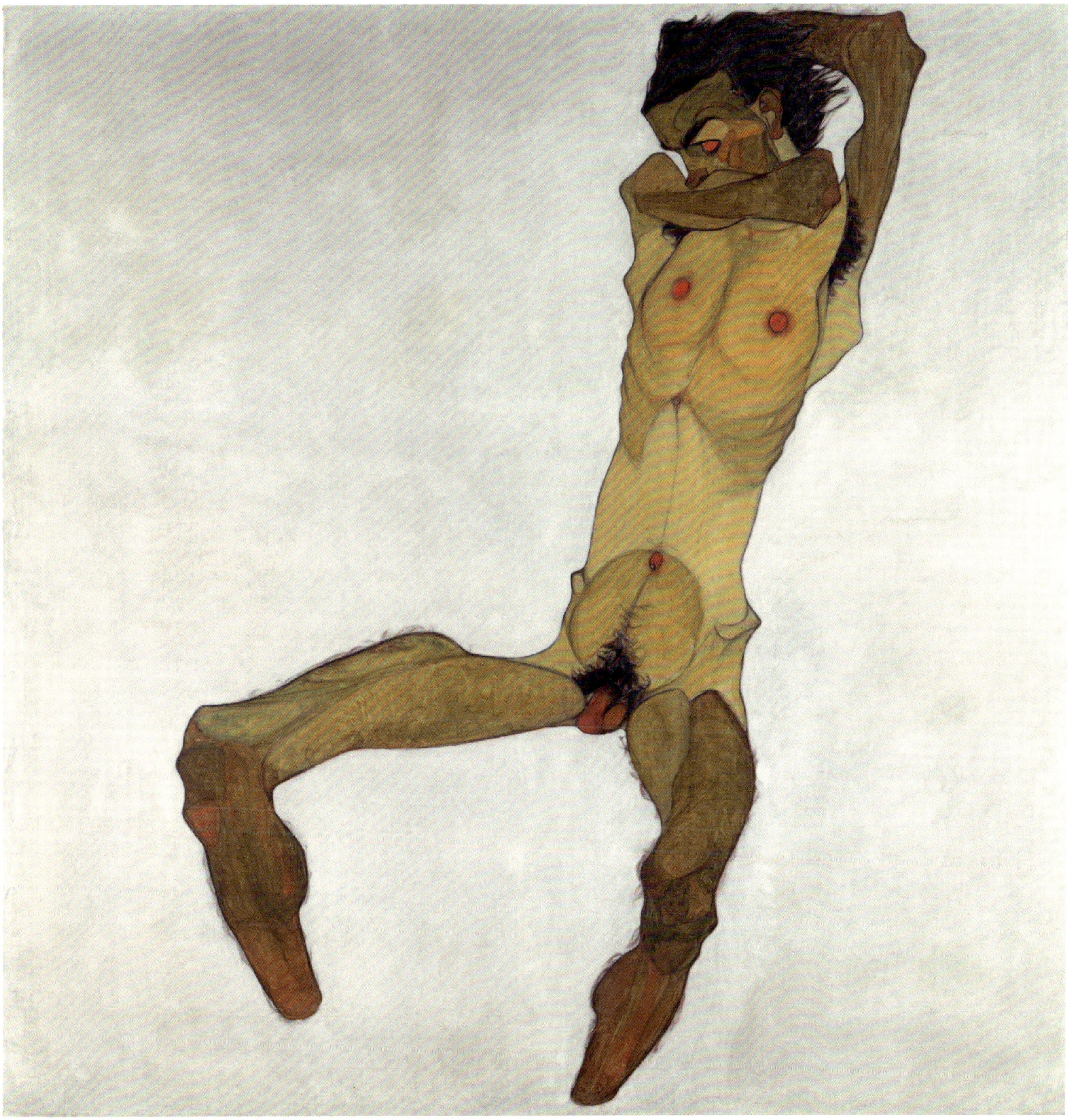

Emil Mayer

La Clôture du Prater, vers 1910

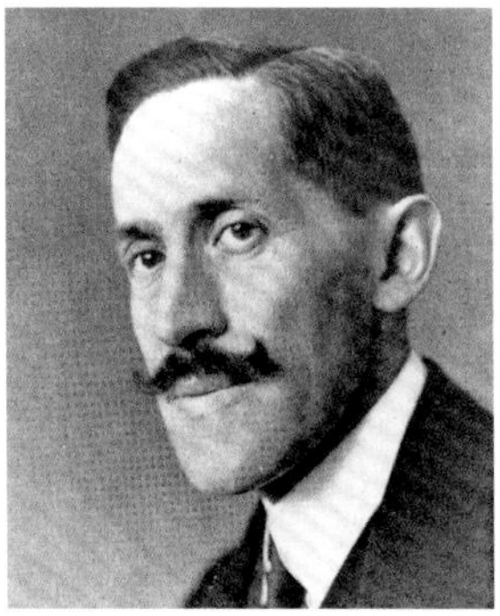

* 1871 à Neubydzow
† 1938 à Vienne

Devant ou derrière la clôture, tout est question de perspective. « Devant la clôture en bois se tient une foule de spectateurs avides et peu exigeants. Écoliers, écolières, apprentis, gamins de toutes sortes, sans particularité ni occupation. Certes, ce public ne peut pas payer. D'ailleurs, il ne veut pas payer non plus, mais il traîne dans son sillage admiration, respect et enthousiasme. Ces fillettes et ces petits gars sont ce que l'on appelle dans les théâtres les enfants du paradis. » Felix Salten, que l'on présume être l'auteur de *Josefine Mutzenbacher* et qui acquit une célébrité mondiale avec *Bambi le chevreuil, une vie dans les bois*, se rendit souvent au Wurstelprater, le parc d'attractions du Prater, pour les besoins de son ouvrage du même nom. Il y dépeint sans brutalité, mais avec une certaine suffisance, ce qu'il voit. Il observe les attractions, les manèges, les délices de Lucullus, et surtout les protagonistes de ce demi-monde, terminus de tant d'artistes dont la carrière a commencé en ville : il suit les colporteurs, les saltimbanques, les montreurs de curiosités humaines et paranormales, les chœurs de femme, les marchands ambulants de toutes sortes d'ingrédients, mais aussi les consommateurs des jeux et attractions. Sans oublier les petits criminels – maquereaux, canailles ou filous de l'époque.

En 1911, la maison d'édition des frères Rosenbaum publie *Wurstelprater*, accompagné d'une série de clichés du juriste et photographe amateur Emil Mayer. Lors d'un cycle de conférences données à la Volkshochschule Urania, celui-ci avait déjà eu beaucoup de succès avec une version colorée à la main de ces mêmes clichés. Quelques années auparavant, Max Winter (1870–1937), aujourd'hui reconnu comme le père du reportage social de langue allemande, avait choisi de travailler sur le terrain en se mêlant aux clochards et sans-logis de Vienne, qui cherchaient dans les poubelles et les égouts de quoi survivre. Le journaliste Emil Kläger (1880–1936) lui emboîta le pas avec le juge et photographe amateur Hermann Drawe (1867–1925). Ils intitulèrent leur publication de 1908 *Durch die Wiener Quartiere des Elends und Verbrechens – Ein Wanderbuch aus dem Jenseits* [Dans les quartiers miséreux et criminels de Vienne – voyage dans l'au-delà]. Entre 1904 et 1908, la conférence-projection donnée sur le sujet à l'Urania attira 60 000 visiteurs.

Emil Mayer, en revanche, ne donne pas dans le reportage social sordide. Son regard franc et lapidaire traite plus du milieu que des individus en particulier. Il fait état d'une certaine vie à Vienne, menacée de disparition par les profondes restructurations urbaines. Quel que soit le support, les représentations des gens de Vienne étaient très populaires, et celles de Mayer furent même diffusées sous forme de carte postale. Ce dont il s'agit ici, c'est de retenir le temps qui passe – une nostalgie perceptible dans *Wurstelprater*, qui fait l'impasse sur les divertissements modernes comme la grande roue, le cinéma et la photographie rapide.

À cette époque, ceux qui font progresser les qualités artistiques de la photographie – une technique qui n'en est encore qu'à ses balbutiements –, ce sont précisément, à Vienne comme ailleurs, ces photographes amateurs engagés dont fait partie Mayer. En plus de saisir le caractère sélectif de l'instant, il met ici en scène la matérialité des surfaces et une linéarité qui n'aboutit pas nécessairement à la profondeur spatiale. Les spectateurs à la clôture sont comme les figurants d'un relief en bois. Plus d'un siècle plus tard, on croit être au cœur de l'événement. DG

La Clôture du Prater, vers 1910
Diapositive sur verre
colorée à la main
Vienne, Österreichisches
Volkshochschularchiv

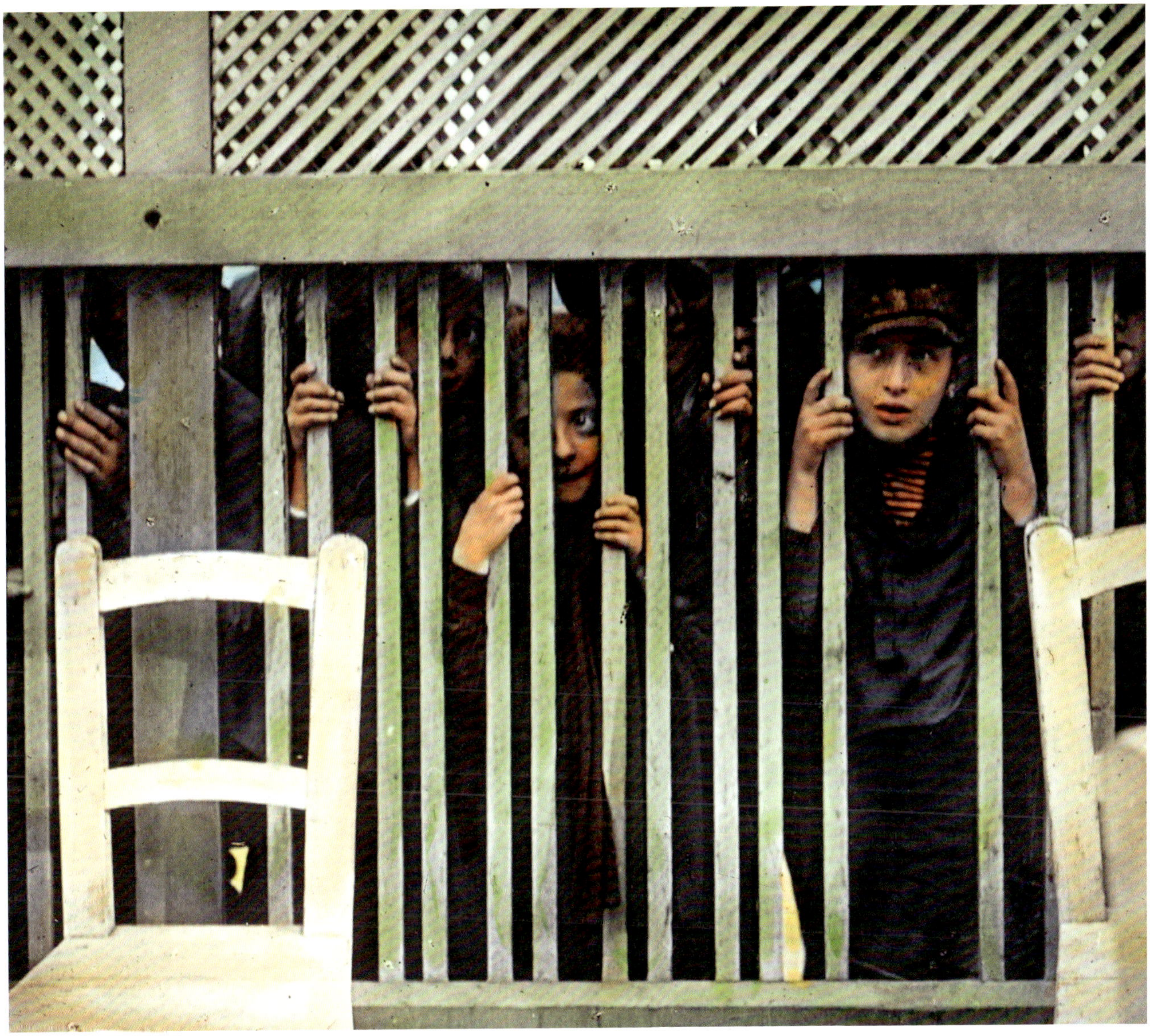

Josef Hoffmann

Service à verres Bronzit Serie B, Lobmeyr, 1912

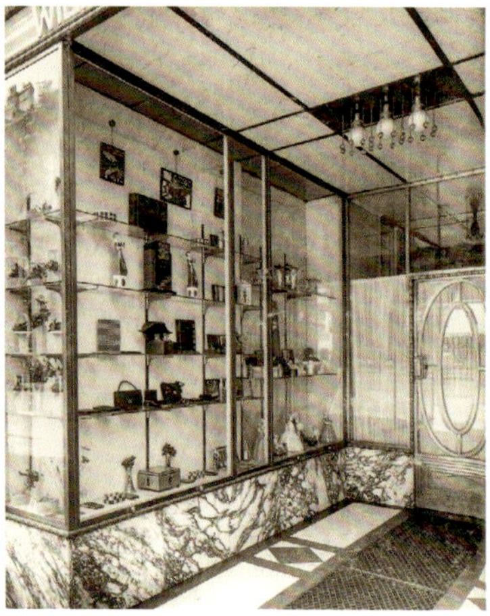

Josef Hoffmann
Entrée de la boutique de la Wiener Werkstätte, 1907
Vienne 1er arr., Am Graben 15

L'union de l'art, de l'architecture et de l'artisanat – et même de la vie dans son ensemble – pour en faire une œuvre d'art totale est l'un des points les plus saillants du discours viennois autour de 1900. Telle était la vision du monde de la Sécession, dont découleraient bientôt de nombreux autres courants. L'un d'eux, la Wiener Werkstätte, fut ainsi fondé en 1903 par deux membres de la Sécession, l'architecte Josef Hoffmann et l'artiste Koloman Moser. Hoffmann en particulier, qui avait travaillé avec Otto Wagner comme quantité d'architectes importants de l'époque, était marqué par le mouvement Arts & Crafts formé en Grande-Bretagne au 19e siècle. À l'instar de ce mouvement, la Wiener Werkstätte devait fusionner art, architecture et artisanat.

Avec ce maître-mot : la qualité du travail manuel. La variété des produits fabriqués par l'atelier était quasi illimitée, allant du mobilier aux luminaires en passant par le cuir, l'émail, la céramique, l'art graphique, la joaillerie et le textile. Il y avait même une section chapellerie. Le succès fut d'emblée au rendez-vous. En 1905, la Wiener Werkstätte employait déjà près de cent collaborateurs. Les conditions de travail, avec une rémunération décente et une forte proportion de femmes, étaient aussi progressistes que les produits.

Josef Hoffmann, professeur d'architecture à l'École des arts décoratifs de Vienne depuis 1899, élargit alors la notion de *Raumkunst* prônée par les Sécessionnistes aux objets du quotidien et surtout à l'aménagement complet des pièces. En 1901, Hoffmann constatait que ce n'était pas le goût de la pompe, mais « la simplicité, l'honnêteté et la pureté » qui donnaient sa dignité à la vie. Pourtant, le lien établi par Hoffmann entre objet d'art et objet d'usage fut vertement critiqué par Adolf Loos, qui trouvait les produits de la Wiener Werkstätte tout simplement trop affectés.

Avec le Palais Stoclet de Bruxelles (ill. p. 56, 57), Hoffmann conçut et aménagea l'un des édifices les plus significatifs de l'Art nouveau, c'est incontestable. Il n'en demeure pas moins que ses principes de conception intérieure étaient moins chargés et moins floraux que ceux de ses confrères belges et français. Car il avait gardé de ses maîtres, tel l'architecte écossais Charles Rennie Mackintosh (1868–1928), un penchant pour le carré qui lui valut le surnom de « Hoffmann le carréiste ».

Les projets qu'il réalisa pour la Wiener Werkstätte témoignent eux aussi de cette retenue et d'un goût pour la ligne droite. Le *Service à verre Bronzit Serie B*, conçu en 1912 pour la cristallerie Lobmeyr implantée à Vienne depuis des siècles, affiche de simples lignes géométriques en émail noir sur du verre mat. Les contours nets de ce service multipièce démontrent l'exigence architectonique de Hoffmann qui touchait tous les objets du quotidien. En 1910, la manufacture Lobmeyr avait entamé une collaboration avec la Wiener Werkstätte dont elle approuvait le principe : « Mieux vaut travailler dix jours à un objet qu'en produire dix en un jour. »

Le *Service à verre Bronzit Serie B* fut exposé en 1914 au Deutscher Werkbund, association allemande des artisans, qui poursuivait les mêmes objectifs que la Wiener Werkstätte et dont Hoffmann était membre. Dans les années 1920, lorsque la Wiener Werkstätte perdit en influence, Hoffmann resta néanmoins fidèle à son amour de l'espace intérieur et de son aménagement. Sa dernière intervention artistique d'envergure ne sera autre que la conception du pavillon de l'Autriche pour la Biennale de Venise de 1934. MN

Service à verres Bronzit Serie B, Lobmeyr, 1912
Première édition en 1914
Verre avec motif en émail noir Bronzit

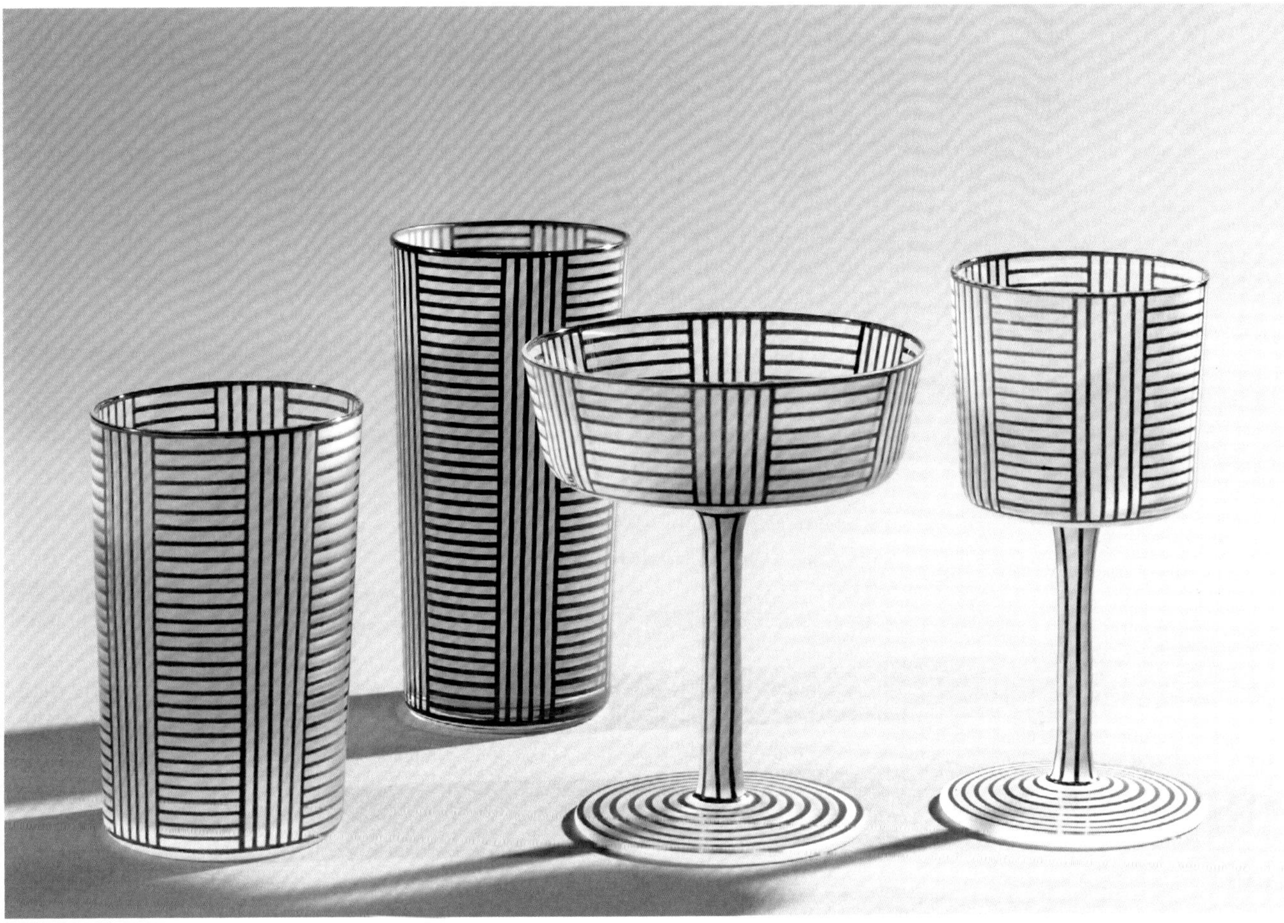

Max Oppenheimer
Portrait de Tilla Durieux, 1912

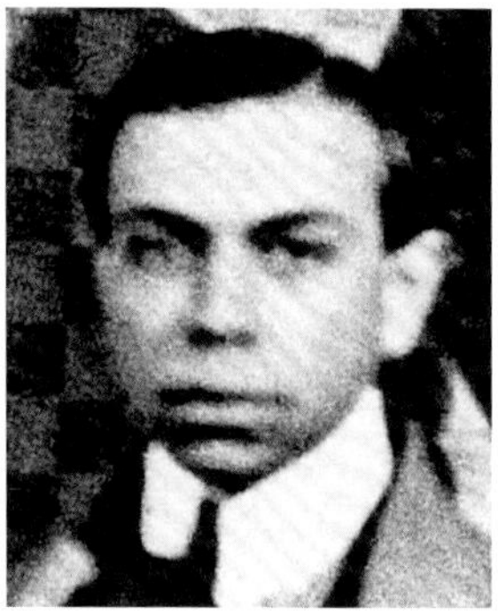

* 1885 à Vienne
† 1954 à New York

Tilla Durieux (1880–1971) était une actrice réputée à Berlin, à vrai dire une star. Née à Vienne sous le nom d'Ottilie Godeffroy, elle fit dériver son nom de scène de celui de sa grand-mère paternelle, du Rieux, car ses parents refusaient son choix professionnel. Elle débuta en 1902 à Olomouc, en République tchèque, avant d'être engagée au Deutsches Theater de Berlin de 1903 à 1911, puis au Königliches Schauspielhaus et, à partir de 1919, au Staatstheater. À partir de 1907, quand elle ne répète pas le dimanche, elle donne des matinées dans les banlieues ouvrières berlinoises. En 1933, son époux étant juif, elle quitte l'Allemagne.

Durieux a été mariée deux fois auparavant: avec le peintre Eugen Spiro (1874–1972) dont elle se sépara en 1906; puis avec Paul Cassirer (1871–1926), qu'elle avait épousé en 1910 et qui attenta à sa vie en 1926 quand elle menaça de divorcer. En 1898, Paul avait fondé avec son cousin Bruno Cassirer (1872–1941) un négoce en art qui était devenu la galerie-fleuron de l'impressionnisme français. Par la suite, ils encouragèrent aussi les acteurs de la modernité allemande, notamment Max Liebermann (1847–1935) et Lovis Corinth (1858–1925). Cassirer publia de surcroît des œuvres littéraires, dont celles d'Hermann Bahr.

Cassirer n'était pas seulement l'époux, mais aussi l'imprésario de Tilla Durieux. Le journaliste Wilhelm Herzog (1884–1960) raconte qu'il l'aurait soignée, traitée et entraînée «comme une pouliche élégante et prometteuse», qu'il était «à la fois son publicitaire, son entrepreneur, son agent et son directeur». Et c'est ainsi que de nombreux artistes et protégés de Cassirer firent le portrait de la diva. Entre 1898 et 1933, sa galerie exposa pas moins de vingt-et-un portraitistes de la Durieux. Cinq d'entre eux firent un portrait sur commande de la comédienne.

Max Oppenheimer, surnommé Mopp, était l'un d'entre eux. Lui aussi venait de Vienne, où il avait été élève à l'Académie des beaux-arts. Il avait ensuite étudié à Prague et appartenait, principalement sous l'influence de Kokoschka, au cercle des expressionnistes viennois. Oppenheimer vécut à Berlin de 1911 à 1915.

Dans son autobiographie, *Menschen finden ihren Maler* [Trouver son peintre], publiée en 1938 – année de sa fuite vers New York –, il narre la genèse du portrait. Au début il ne trouve pas de pose adéquate. «Rien, rien de ce qui exprimait la spectaculaire félinité de cette femme remarquable. Je me plaçais à gauche, à droite, faisais un pas en avant, puis en arrière. Si ce n'étaient pas des ombres trop lourdes sur son visage, c'était à nouveau la rigidité de son corps et de son expression, tandis qu'une pointe moqueuse au coin de ses lèvres semblait me dire: "Ne vous torturez pas, rien n'y fera!" Résignée, elle s'appuya contre le piano; la lumière, dense, illumina son visage, et les plis veloutés de sa robe qui lui laissait les bras nus tombèrent dru. – J'eus à peine le temps de dire: "S'il vous plaît, restez ainsi deux – –" et en hâte, je croquai la pose en quelques traits. Les tons – rosé, gris-vert, gris et noir – dansaient sous mes yeux et sur la toile. Les pinceaux roulaient à terre. Je peignis tel un forcené, fasciné, excité par le sentiment d'avoir réussi, je peignis trois heures qui me parurent des minutes.»

Le résultat est un portrait empreint de sensibilité, marqué par une gestuelle expressionniste discrète. Et il dut plaire – puisqu'il fut exposé dans la galerie de Cassirer. TT

Portrait de Tilla Durieux, 1912
Huile sur toile, 95,5 x 78,9 cm
Vienne, Leopold Museum

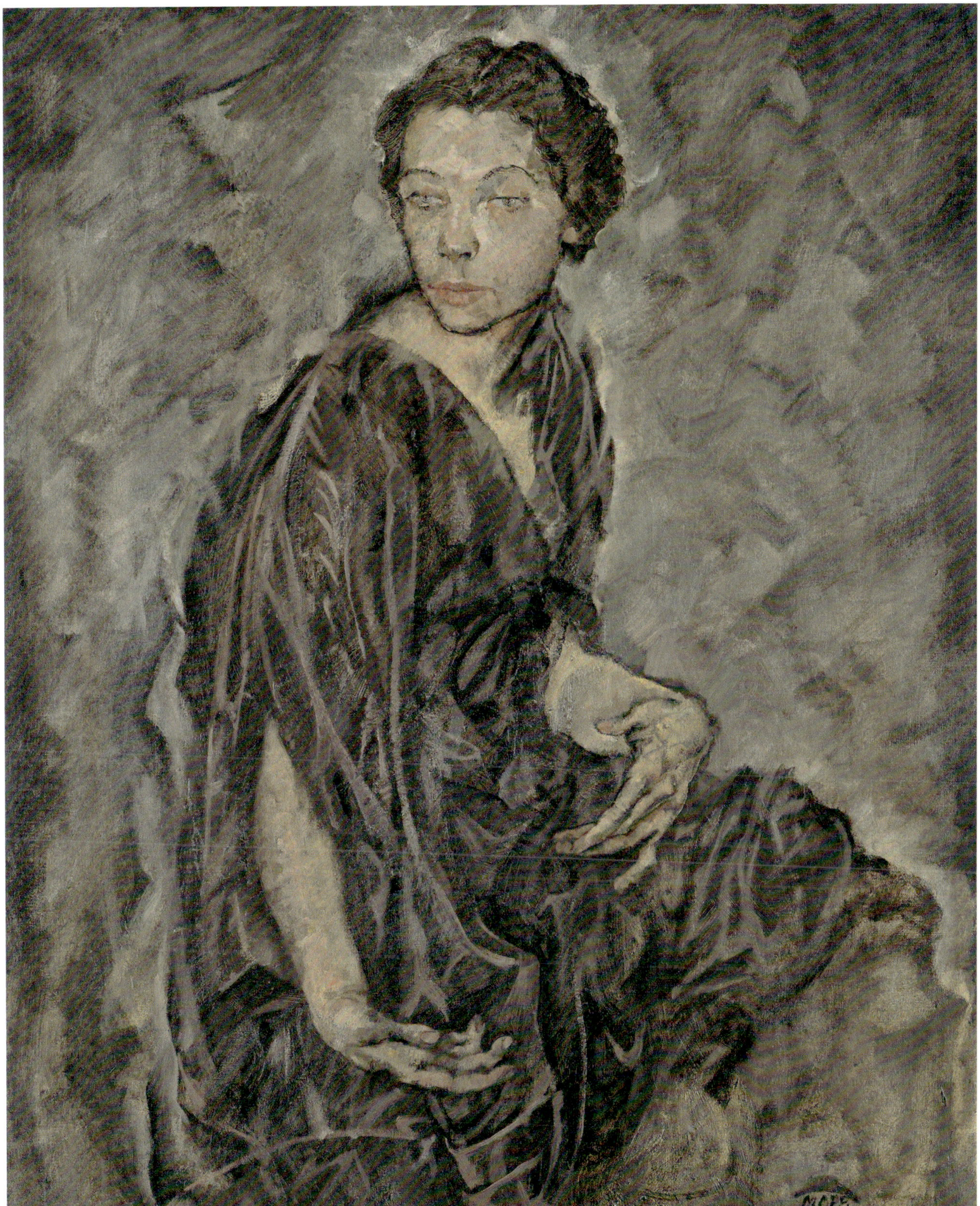

Egon Schiele
Couverture de la revue Der Ruf, 1912

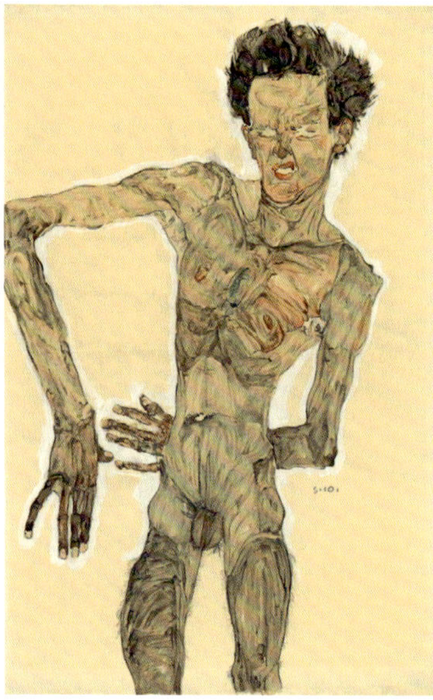

Egon Schiele
Autoportrait nu grimaçant, 1910
Mine de plomb, aquarelle et gouache, rehaussé de blanc, 55,8 x 36,9 cm
Vienne, Albertina

En bon fils de cheminot, Egon Schiele fit du déraillement, le déraillement des traits, une spécialité. Le corps – celui de ses modèles ou, de préférence, le sien – est la substance de ses tableaux. Le corps est manipulé, poussé vers l'exagération, l'exaltation, la passion, l'expressivité. Et les gestes déraillent vers le difforme, les mimiques vers le grimaçant. L'exploration de l'expressif chez Schiele, sa marque de fabrique par excellence, est totalement dépourvue de sens. Il ne faudrait pas chercher à voir, dans ce pillage des corps, une tentative de transmettre un trait pathognomonique fixant un accès passionnel dû à la colère, l'affliction ou la jubilation, ni une certaine physionomie révélant un trait de caractère humain. Dans sa projection pure du déroulé exemplaire du mouvement, il reste fidèle à la caractéristique suprême de la culture viennoise au tournant de 20e siècle : l'ornement.

En 1910, du haut de ses 20 ans, il se montre dans son costume préféré, c'est-à-dire nu, les bras noueux dans une pose laissant supposer que l'acte de se peindre était lié à une forte aversion (ill. p. 82). Ce dessin prélude à une série de travaux qui, en 1912, se retrouveront dans l'espace public sur plusieurs affiches et publications. Du dessin de Schiele n'est conservée que la tête, prise à part, comme si elle n'avait jamais appartenu à une unité corporelle plus vaste. Isolée ainsi, la tête se retrouve dans pas moins de trois contextes. En avril de la même année, le chansonnier Egon Friedell, satiriste et futur auteur d'une histoire de l'art aussi sensationnelle que monumentale, l'utilise comme motif annonçant une conférence sur l'ironie. En juin, la tête figure sur l'affiche de deux concerts de compositeurs autrichiens contemporains. En novembre, elle atterrit en couverture de la revue *Der Ruf* [L'Appel], dont le troisième cahier se consacre à la guerre.

Der Ruf est l'un de ces organes, aussi nombreux qu'éphémères, qui servirent de tribune à l'expressionnisme de Vienne. En février 1912, dans l'éditorial du premier numéro, l'éditeur Robert Müller (1887–1924), débordant d'espoir et de confiance en l'avenir, écrit : « Ce sera l'ère la plus décisive qui soit, et elle s'annonce gothique, bizarre et fantastique, préhistorique dans sa modernité. » Cet élan est absolument corroboré par l'expérience humaine louée dans le troisième numéro où Müller met en perspective une apologie de la guerre. La recette des ventes, fort peu élevées, devait aller à une association pour la création d'une flotte aérienne autrichienne. La sensibilité pour la guerre à venir, dont on aimerait concéder le questionnement un an et demi avant que celle-ci n'éclate mondialement, demeure assez vague.

Schiele fournit dans ce contexte une sorte d'accroche. Il fréquentait le cercle des éditeurs et, en 1918, il dédiera à Robert Müller un dessin à la mine de plomb. Il faut dire qu'il avait un bon motif tout prêt. Sa grimace avait assez pour interpeller le public, le rouge envahissant le visage était propice à une communication de masse. Cette tête pouvait aussi bien illustrer l'ironie que la musique de l'époque ou, évidemment, la guerre. Le motif était suffisamment libre pour permettre diverses lectures. C'est bien là le secret de l'art de Schiele. RM

Couverture de la revue Der Ruf
Cahier n° 3 spécial Guerre, novembre 1912
Lithographie couleur, 22,9 x 14,8 cm

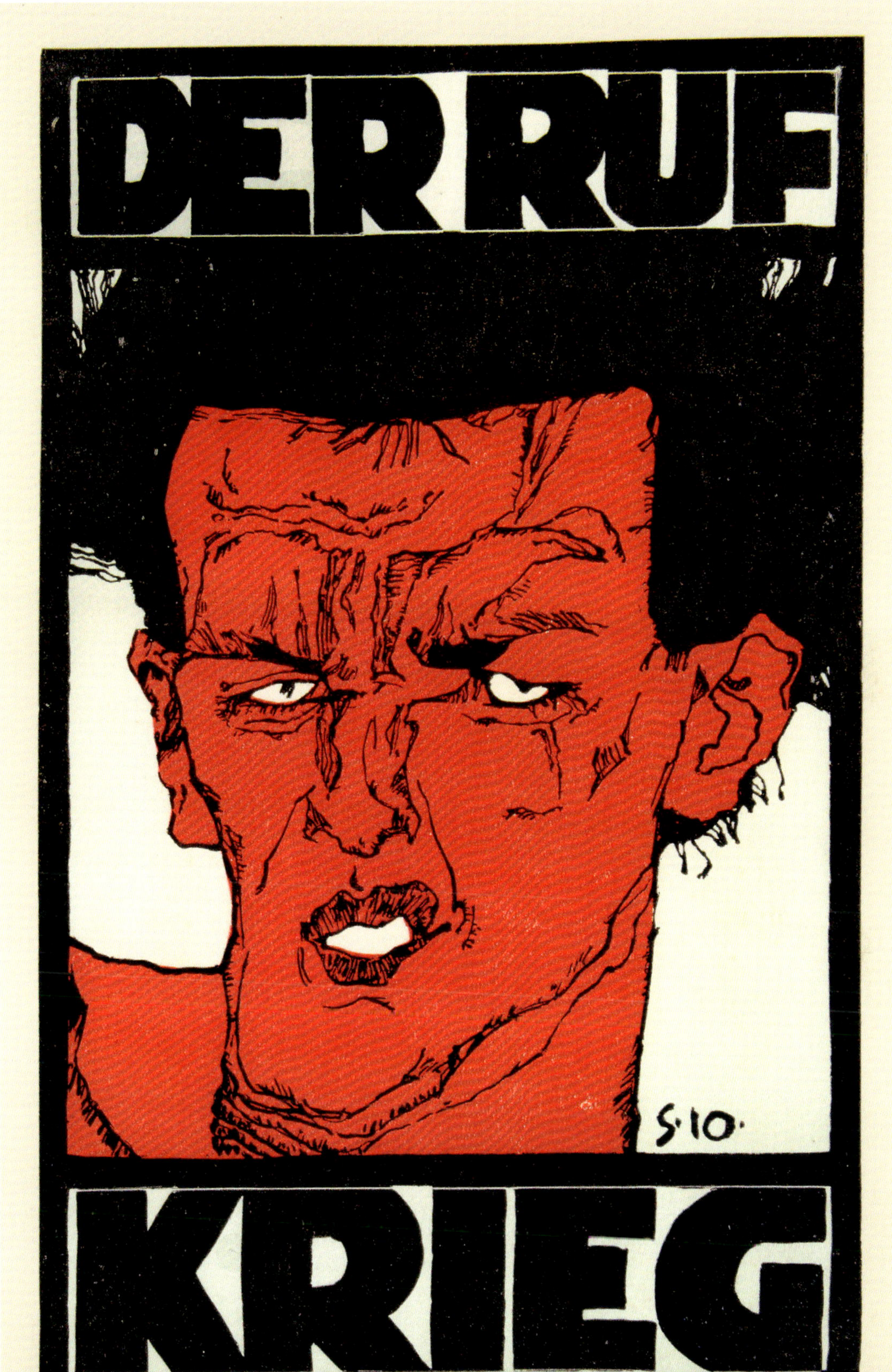
DER RUF
S.10.
KRIEG
PREIS 60 H.

Mauritz Stiller

Das fremde Mädchen [La Fille d'ailleurs], 1913

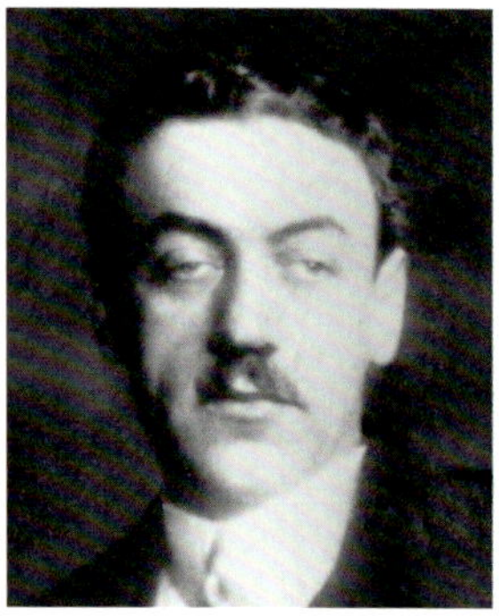

* 1883 à Helsinki
† 1928 à Stockholm

PAGE 85
Das fremde Mädchen
[La Fille d'ailleurs], 1913
Prises de vue

Das fremde Mädchen
[La Fille d'ailleurs], 1913
Affiche du film

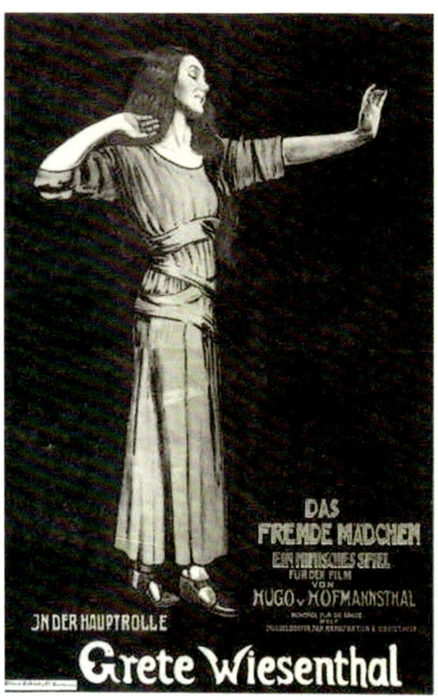

« Qui ne peut annoncer à son public en automne qu'il diffusera *Den Okända* [La Fille d'ailleurs], en allemand *Das fremde Mädchen*, 4 actes, par Hugo von Hofmannsthal, avec Grete Wiesenthal dans le rôle principal et une musique spécialement composée par Hannes Ruch, a tout simplement perdu la plus belle occasion de faire des recettes et manqué un grand moment. » Voilà comment, en 1913, la société de diffusion Anna Christensen, sise Mariahilferstrasse 53 dans le 6e arrondissement de Vienne, tentait de persuader diverses salles de s'engager en faveur d'un cinéma particulièrement maniéré. Vienne fut l'un des hauts lieux du septième art alors tout juste né, qui gagnerait bientôt en popularité. La pellicule se fraya tout d'abord un chemin dans les cabarets et les lieux de divertissement considérés bon marché. Fondée en 1906, la société de production Saturn-Film s'était par exemple spécialisée dans les films érotiques tournés depuis une perspective de voyeur, films qui trouvèrent bien vite leur public.

Mais ici, il est question d'art. Sans vouloir offenser l'équipe de production, force est de constater qu'en dépit du roulement de tambour de la société de diffusion, le film *Den Okända* ne fit pas sensation. L'intrigue, qui se déroule sur 54 minutes, était par trop compliquée. On la doit à Hugo von Hofmannsthal, l'un des habitants les plus acharnés de la tour d'ivoire, auteur de scénarios précieux et prétentieux, parmi lesquels compte le script pour *Den Okända*. La pantomime filmée narre la rencontre entre un homme riche et une silhouette enchanteresse rappelant les elfes. La jeune femme est en fait un oiseau de malheur menant aux enfers. Elle traîne l'homme dans la boue, le sauve à la dernière minute et disparaît dans une mort aussi soudaine qu'attendue. Hofmannsthal clôt ainsi son œuvre : « Et la jeune fille morte gît, belle et paisible, au centre, sur les pavés, n'ayant plus souvenir de rien. »

Le film est suédois, comme son réalisateur, Mauritz Stiller, qu'on connaît surtout pour avoir découvert le meilleur produit d'exportation de son pays : Greta Garbo (1905–90). Mais avant elle, Grete Wiesenthal avait aussi marqué les esprits. Née à Vienne, elle intégra le corps de ballet de l'Opéra dès son plus jeune âge, devint danseuse étoile à dix-sept ans et connut surtout le succès dans la pantomime. Membre fort respectée des cercles esthétiques viennois, elle fréquentait notamment Altenberg, Loos et Kokoschka dont elle épousa le camarade d'étude et meilleur ami Erwin Lang. Personnage cultivé mais en retrait des intrigues esthétiques, Hofmannsthal était assez impliqué pour lui tailler un rôle sur mesure dans *Den Okända*.

La pantomime est créée en 1911 au théâtre de la rue Königgrätzer. Le film est projeté en avant-première le 21 août 1913 au centre-ville, dans la salle Beethoven située Strauchgasse 4, où Karl Kraus donnait aussi ses conférences. Ainsi se referme le cercle des initiés. Il ne manque plus que le compositeur, mentionné dans l'annonce de la société de diffusion. Hannes Ruch, Hans Richard Weinhöppel (1867–1928) de son vrai nom, est munichois. Particulièrement remarqué pour ses chansons satiriques, il occupa brièvement le poste de directeur musical de l'éphémère cabaret Fledermaus. Lui aussi fait partie du cercle des initiés – viennois, bien évidemment – ou des incontournables comme on dirait aujourd'hui. RM

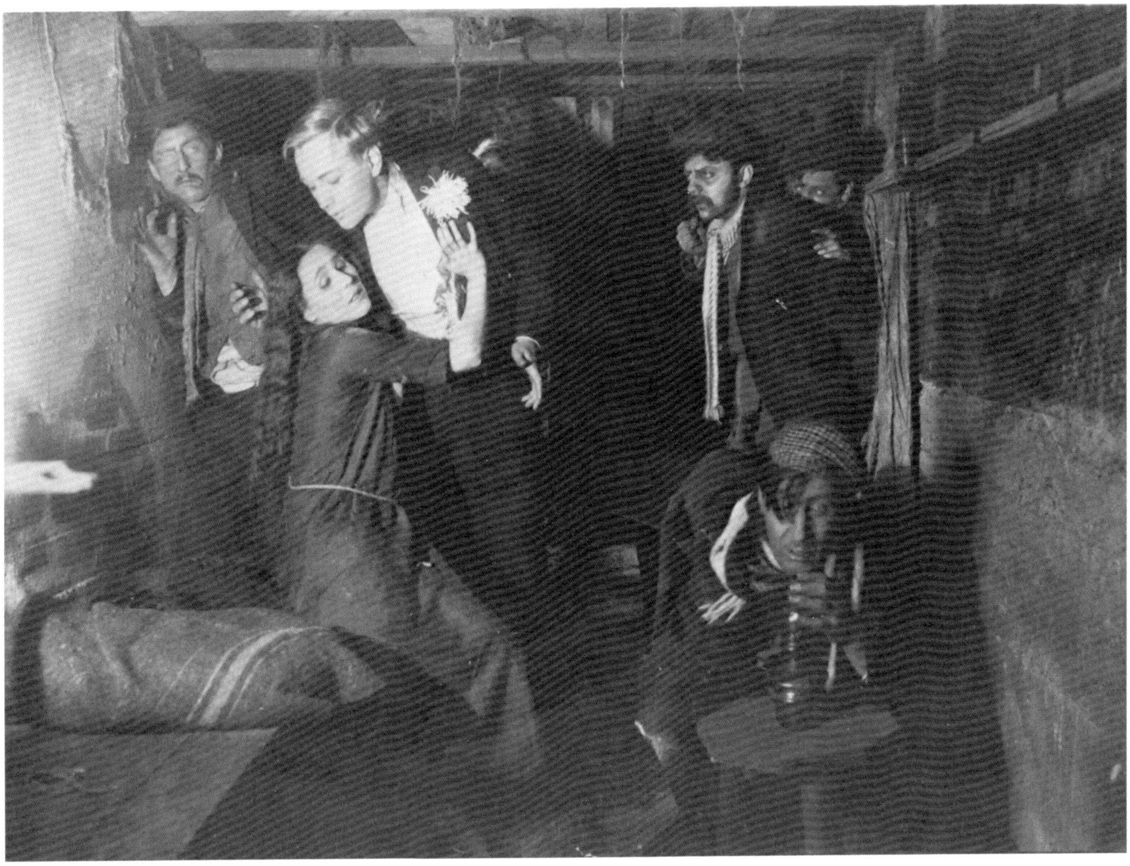

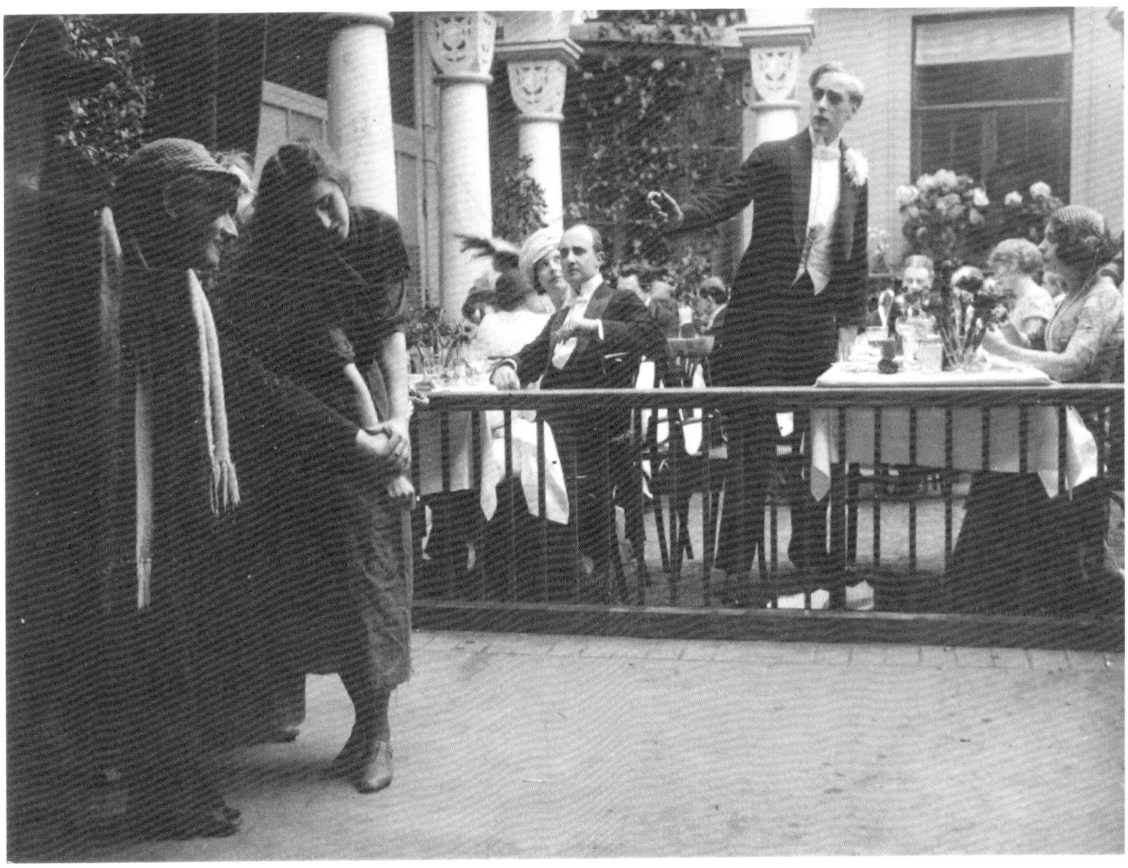

Emilie Flöge

Robe réformiste, 1913

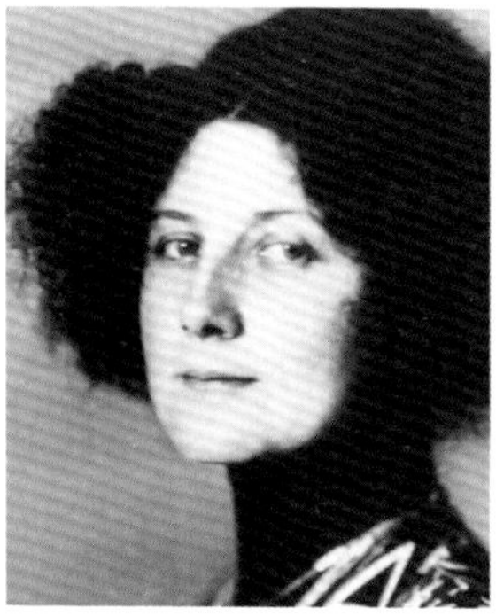

* 1874 à Vienne
† 1952 à Vienne

S'il est vrai que Berta Zuckerkandl fut très influente avec ses salons et activités journalistiques, c'est néanmoins Emilie Flöge que l'on a aussitôt en tête quand on songe à l'image de la femme à Vienne autour de 1900. Compagne de Gustav Klimt, elle lui servit de modèle et de muse, reçut maintes fois en cadeau des bijoux de la Wiener Werkstätte et en assura d'ailleurs la succession. Associée au Salon des sœurs Flöge, elle fut en outre entrepreneure, créatrice de mode et cliente de la Wiener Werkstätte pour l'un des premiers aménagements intérieurs réalisés par l'atelier. En plus d'un appartement et d'un atelier de couture, les locaux situés au premier étage de la Casa Piccola, dans la Mariahilferstrasse, abritaient une réception, un salon d'essayage et un bureau. Josef Hoffmann et Koloman Moser ne se contentèrent pas de réaliser l'aménagement intérieur de la boutique, ils conçurent aussi l'image intégrale de l'entreprise depuis l'enseigne jusqu'aux étiquettes cousues sur les vêtements en passant par la papeterie, comme l'en-tête des factures et du papier à lettre.

Le Salon des sœurs Flöge – Emilie, Pauline (1867–1917) célibataire elle aussi, et Helene (1871–1936), la veuve d'Ernst Klimt (1864–92), frère de Gustav – était l'une des maisons de mode les plus influentes de la ville. Si Pauline et Helene, et ses filles par la suite, travaillèrent à la réception et à la comptabilité, Emilie était la tête créative. La mode sans corset, déjà répandue en Allemagne, fut au début assez mal accueillie à Vienne, ville conservatrice. Berta Zuckerkandl parlait volontiers de « sacs réformistes informes ». On se tourna donc vers Paris, où Emilie se rendait au moins deux fois par an. « La Flöge » tirait aussi son inspiration de sa collection de broderies populaires, principalement issue de régions aujourd'hui situées en Slovaquie, en République tchèque et en Roumanie. Elle exposait les preuves de sa passion dans les vitrines de l'atelier, certaines pièces étant même intégrées à ses créations.

C'est au cœur des cercles artistiques que le corps féminin obtint davantage de liberté vestimentaire. On sait par exemple qu'Alfred Roller et Koloman Moser dessinèrent pour leurs épouses des vêtements plus libres. Emilie Flöge, elle aussi, dessina pour son propre usage des patrons sur mesure, sans laçage intempestif. Ses créations vont de la simple tunique aux toilettes d'été élégantes et sophistiquées, dont la revue *Deutsche Kunst und Dekoration* publia en 1906/07 une série de clichés pris par Klimt.

Sur des photographies couleur prises dans l'intimité durant des vacances dans le Salzkammergut en 1913, Emilie porte, associée à un collier de la Wiener Werkstätte par Koloman Moser, une robe estivale dont la coupe, moins sophistiquée, n'est cependant pas moins raffinée. La robe en toile de coton à rayures, proche du corps, semble avoir été entièrement conçue autour de l'une des pièces de la collection : une bande de broderie au point plat en provenance de Rybany, dans l'Ouest de la Slovaquie, placée sur le devant, au centre, et s'étirant du cou aux cuisses. En dessous, la bande de tissu est froncée pour donner suffisamment de liberté de mouvement aux jambes.

Parmi les blouses de travail que Klimt enfilait dans son atelier à Vienne ou au bord du lac Attersee, on sait que certaines présentaient des empiècements de broderie. Il est donc à supposer qu'elles aussi étaient de la main de sa compagne, le maître devenant ainsi le modèle de sa muse. DG

Emilie Flöge dans l'une de ses robes réformistes, 1913
Autochrome Lumière
de Friedrich Walker

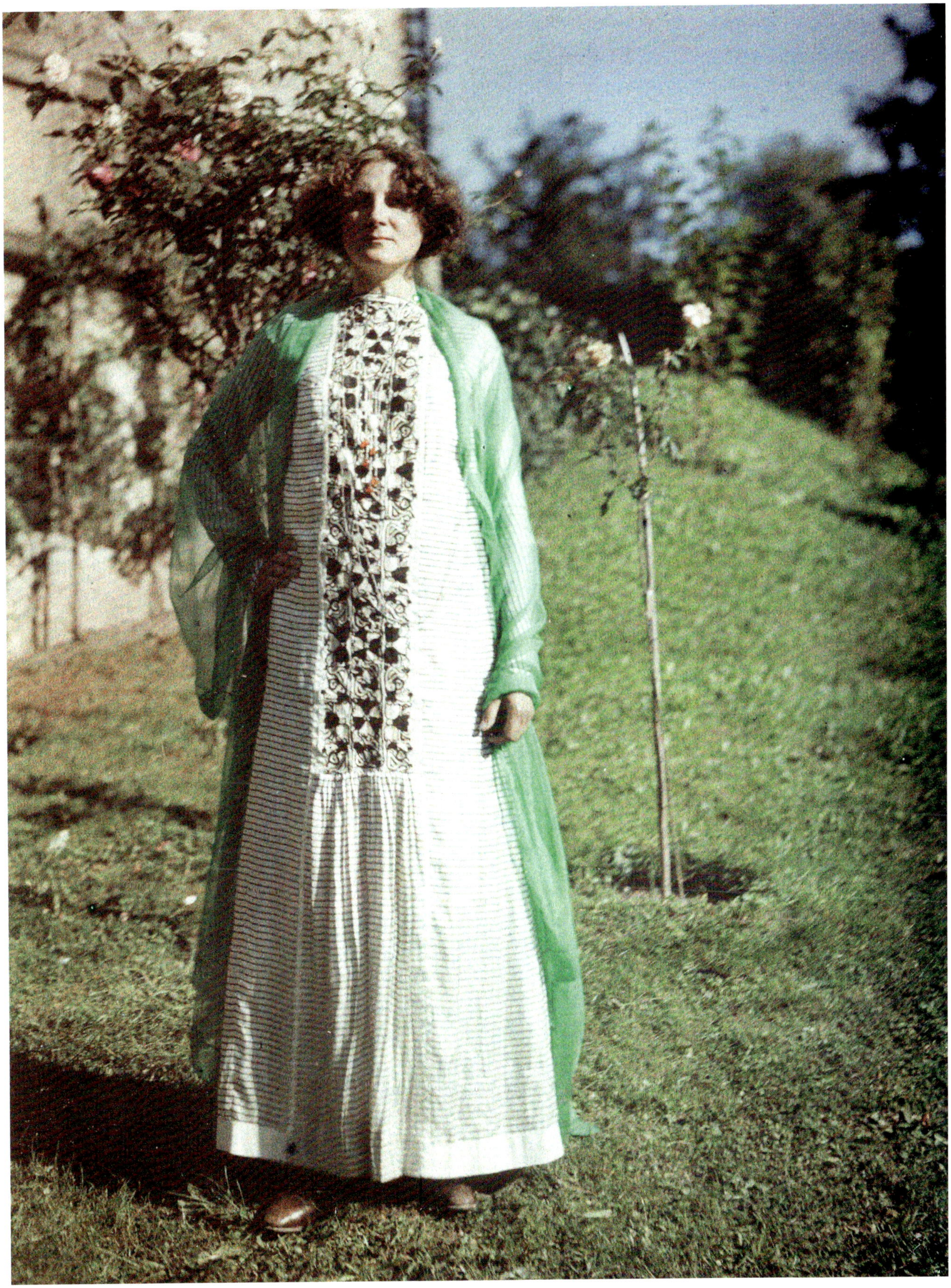

Oskar Kokoschka
La Fiancée du vent, 1913/14

L'une des relations amoureuses les plus étranges, les plus insolites et les plus notoires de l'histoire de l'art se déroule à Vienne, au tournant du siècle. En avril 1912, la veuve du compositeur à la renommée mondiale Gustav Mahler entre dans la vie de l'artiste Oskar Kokoschka (ill. p. 88). En découlent les années les plus tourmentées du peintre – et quelques-uns de ses plus beaux tableaux.

Née en 1879, Alma Schindler épouse en 1901 Gustav Mahler, dont elle sera veuve en 1911. En 1915, elle épouse Walter Gropius pour s'en séparer en 1920. Puis, en 1929, elle épouse Franz Werfel, qui la laisse veuve en 1945. L'Histoire ne la porte pas dans son cœur. L'image qu'on garde d'elle est celle d'une femme qui, jusqu'à sa mort en 1964, fut d'une voracité monstrueuse, tant pour la nourriture et la boisson que pour les hommes, l'argent et la réputation. D'un côté, elle était antisémite jusqu'à la lie. Mais de l'autre, beaucoup de ses compagnons étaient juifs, et elle partagea leur destin – ce qui, à l'époque, signifiait : émigration et perte des richesses auxquelles elle accordait tant d'importance.

L'amour fou avec Kokoschka dura trois ans. Peu après leur rencontre, elle tomba enceinte et se fit avorter, au grand dam de Kokoschka. Celui-ci montra assez vite des accès de jalousie. L'une des 400 lettres qu'il lui adressa s'en fait l'exemple : « Et si je devais extraire de ton cerveau chacune de ces pensées qui me sont étrangères et me répugnent, je le ferais avant de partager avec toi une délivrance joyeuse – plutôt mourir de faim – et toi aussi. Je ne tolère aucun dieu étranger à mes côtés. » *Allos Makar*, tel est le titre qu'il donne à une série de textes et d'illustrations de l'année 1914, créant un anagramme à partir de leurs deux prénoms – en grec : « le bonheur est autre ». Et c'est la vérité. En juillet 1915, il lui adresse une dernière lettre : « Je renonce désormais à toute exigence envers ton cœur. »

Dans un temps très bref, Kokoschka exécute plusieurs doubles portraits. Les poses se veulent tendres, mais les visages ne suivent pas le mouvement. De grands yeux s'ouvrent sur un monde où l'amour n'est pas réciproque. Les regards se croisent sans se voir, semblent sombres et renfermés. Kokoschka ne tend pas vers la mélancolie ; ses personnages, fougueux ou nerveux, ne sont pas terrassés par l'affliction. Les sujets des doubles portraits n'incarnent pas non plus une culture de la tristesse, ils témoignent plutôt d'une singulière préscience liée à la situation, de ce pressentiment que ce couple ne durera pas. C'est l'une des qualités qui fut reconnut au peintre pendant sa carrière même : ce don pour l'intuition et l'anticipation qui se révèle sur la toile. Kokoschka en fit ici l'expérience au plus profond de sa chair.

La Fiancée du vent, achevé en 1914, est sans aucun doute l'acmé de cette série de toiles. Son titre est dû aux vers du poète Georg Trakl (1887–1914) qui vit l'œuvre dans l'atelier de Kokoschka. Au fur et à mesure de l'exécution, la touche s'épaissit. Les teintes sont davantage en contraste. Il semble que c'est autre chose qu'une rêverie éperdue dans un ailleurs flottant. Une différence de genre très conventionnelle s'insinue également. Alma, la femme, est endormie, passive, comme en sécurité. Oskar, l'homme, un peu raide, garde les yeux ouverts. Il est prêt à bondir du lit, à rejoindre le monde, le réel. Quelque chose dans cette peinture l'empêche de s'abandonner à l'intimité. Il a le sens des réalités. RM

PAGE 89
La Fiancée du vent, 1913/14
Huile sur toile, 181 x 221 cm
Bâle, Kunstmuseum Basel

Franz Löwy
Portrait d'Alma Maria Mahler-Werfel, 1910

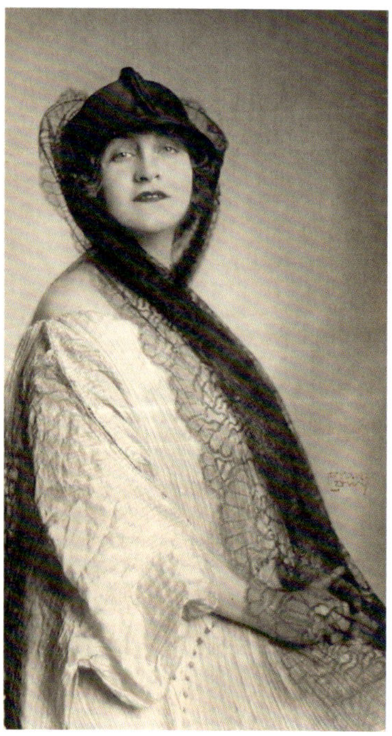

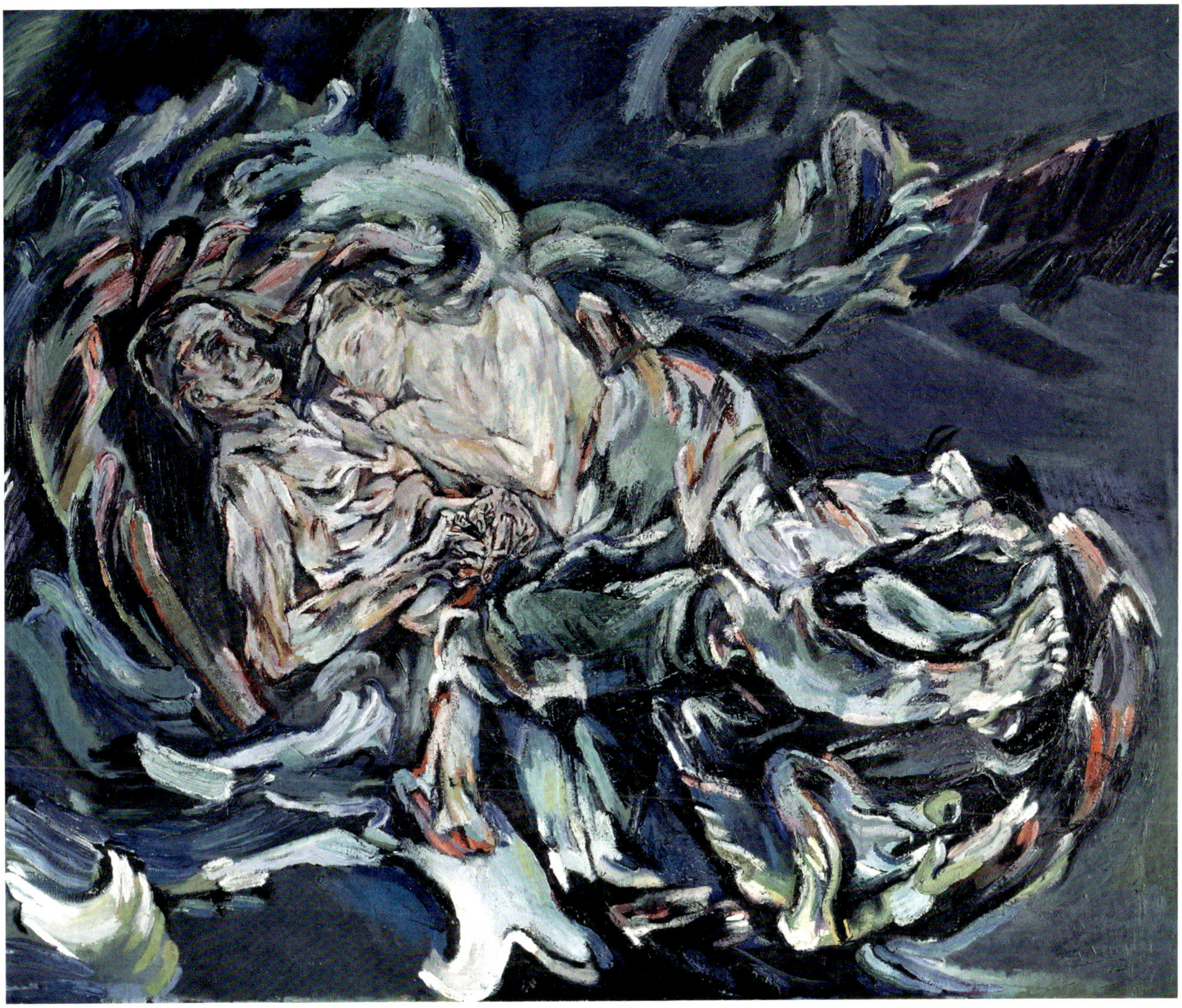

Gustav Klimt

La Mort et la Vie, 1910/11, remanié 1915/16

« La Mort
Mais non. Tout cela n'était que prêté. Et à une certaine heure, un autre en héritera, mais son heure viendra aussi ; il lui faudra alors tout laisser et se mettre en route. C'est que je viens tôt.

L'Homme
Juste un jour. Juste cette nuit, jusqu'à l'aurore. Que je puisse me repentir, écouter la prière du prêtre ! Et répondre à ta demande. »

— HUGO VON HOFMANNSTHAL, *JEDERMANN*, DANSE MACABRE, 1911

L'année 1911 est un tournant pour Gustav Klimt. Le maître est contraint d'abandonner son atelier viennois dans Josefstadt. Il emménage temporairement dans une villa sur la Hohe Warte et s'installera quelques mois plus tard dans son dernier atelier, à Hietzing, un autre faubourg chic. La frise qu'il a conçue pour la salle à manger du Palais Stoclet (ill. p. 56) vient d'être montée à Bruxelles. Il reçoit en outre le 1er prix d'une exposition internationale à Rome pour *La Mort et la Vie*.

À l'époque, le grand tableau de format presque carré sur fond neutre s'appelait simplement *Der Tod* (*La Mort*). Il est divisé en deux parties avec, à gauche, le protagoniste efflanqué et, à droite, un groupe de personnes dont les corps nus sont en partie enveloppés par des étoffes et couvertures riches en ornements klimtiens. Le thème repris ici, l'amour et la vie menacés, a trouvé un couronnement précoce dans la *Frise Beethoven*, mais traverse toute l'œuvre de Klimt.

Après la présentation initiale à Rome, le tableau est accroché en 1912 à l'Exposition internationale d'art de Dresde. Il porte alors un nouveau titre : *Tod und Leben*. Plusieurs expositions suivront, à Budapest et Mannheim en 1913, à Prague en 1914 – toujours à l'étranger, curieusement. C'est alors que Klimt se met à retravailler en profondeur sa danse macabre. On ne peut que spéculer sur les raisons qui l'y ont poussé, mais on sait que la Grande Guerre sévit et que sa mère Anna (1836–1915) est décédée.

Dans la version initiale, la mort, tenant sa massue rouge comme un sceptre, regardait vers le bas, le crâne pour moitié dissimulé dans le vêtement bleu tout orné de croix noires. Et elle était nimbée d'or. Lui faisaient face cinq personnages plus ou moins enlacés (une mère et son enfant, une vieille femme et un couple) encadrés par un champ de fleurs.

Après le remaniement, la mort revêt une attitude bien plus menaçante. Le crâne blanc ricane et fixe le tas de corps de ses immenses orbites sombres. Le vêtement est plus large, le nimbe a disparu. Et le fond doré et rouge-brun du début oscille désormais entre le vert, le bleu et le gris. Le champ de fleurs s'est agrandi, et de nouveaux personnages se sont adjoints au groupe des vivants. Parmi eux, du côté le plus proche de la mort : deux jeunes femmes, dont l'une a les yeux écarquillés. Sent-elle la menace approcher ? Les autres personnages, cependant, ne montrent aucun signe d'angoisse face à la mort – que personne ne regarde dans les yeux. La vie va suivre son cours.

Le tableau est exposé dans sa version finale pour la première fois en janvier 1916 à la Sécession berlinoise. Le critique d'art et médecin Curt Glaser (1879–1943), qui s'était fait le porte-parole de l'expressionnisme, crie alors au scandale, choqué que la mort et l'amour servent de prétextes à une pièce décorative. La toile ne sera vendue qu'après le décès de Klimt, au peintre Hans Böhler (1884–1961), et Vienne ne la découvrira qu'en 1928 lors d'une exposition commémorative organisée pour le 10e anniversaire de la mort de Klimt. Cinquante ans plus tard, en 1978, l'ophtalmologue et collectionneur Rudolf Leopold l'achètera pour 225 000 schillings, à peine 50 000 euros aujourd'hui. Le tableau est depuis 2001 le joyau de la collection du Leopold Museum. TT

La Mort et la Vie, 1910/11, remanié 1915/16
Huile sur toile, 180,8 x 200,6 cm
Vienne, Leopold Museum

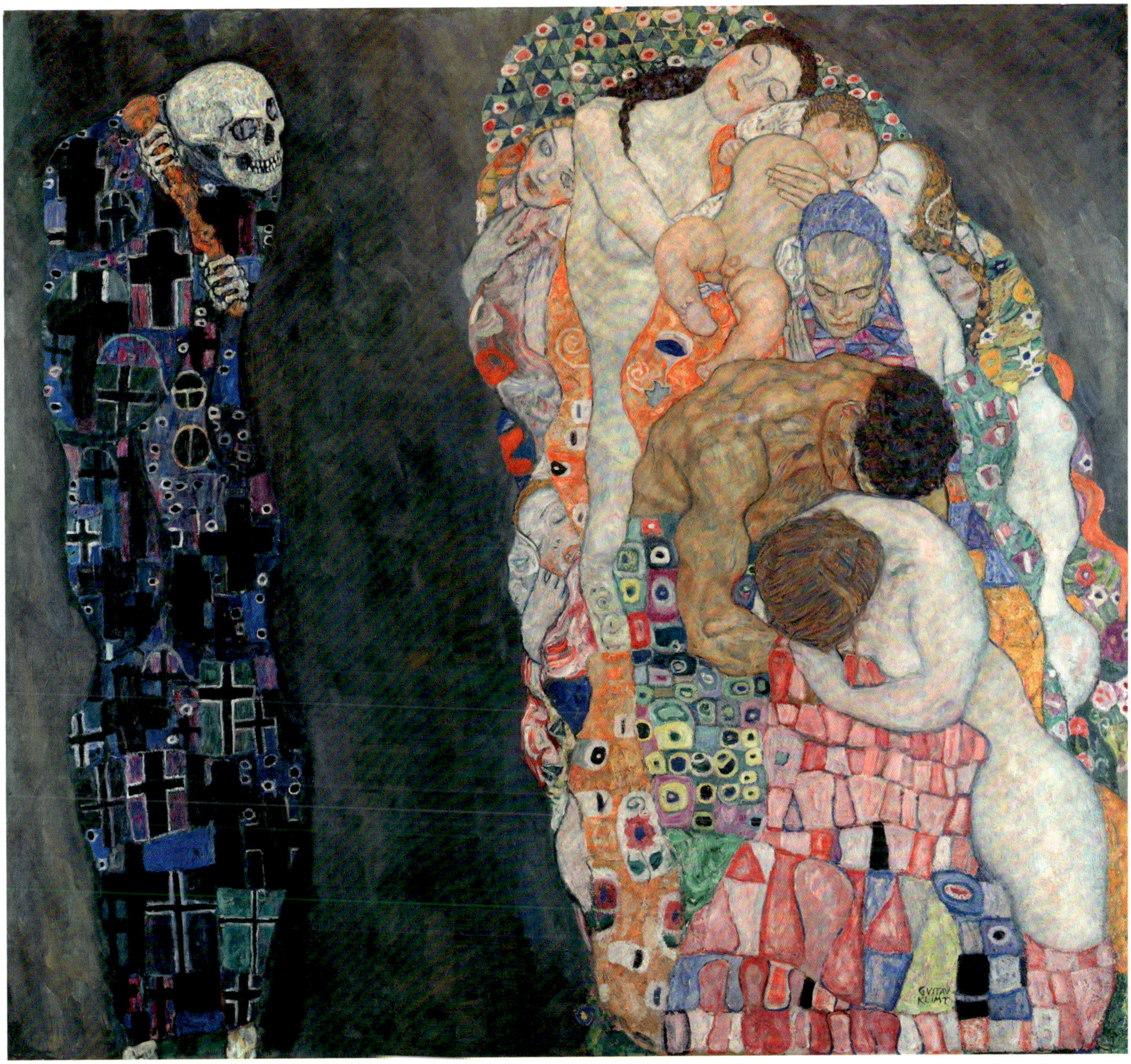
GVSTAV
KLIMT

Madame d'Ora

L'Empereur Charles Ier d'Autriche et sa famille, 1917

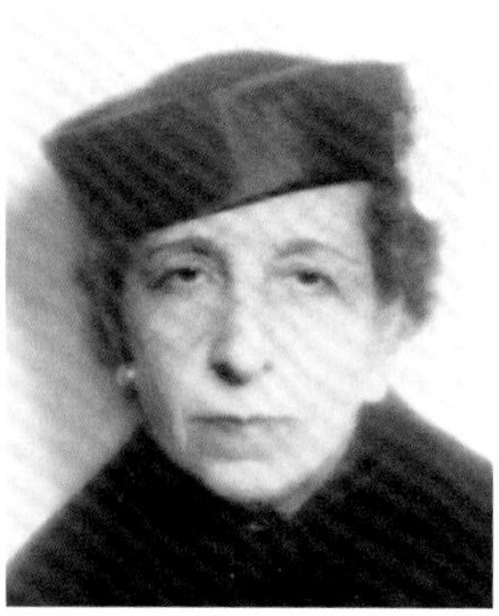

* 1881 à Vienne
† 1963 à Frohnleiten

C'est un cliché à l'opposé des représentations d'apparat. On croirait presque que cette famille, juste avant sa promenade dominicale aux jardins du Prater, est allée se faire photographier dans un studio. Le père, décontracté, se tient en retrait, les mains dans les poches de son uniforme de hussard. Son regard, au lieu de fixer l'objectif, se perd dans le vague. On a placé devant lui son fils de cinq ans aux cheveux blonds et bouclés. Il porte une culotte courte, un costume marin bien blanc et des chaussures blanches montantes à lacet. Il semble suivre les instructions données depuis l'appareil. Assise sur un canapé à rayures, sa mère, également en toilette blanche, se tourne vers lui, si bien que la petite sœur se trouve presque allongée. La fillette, elle aussi vêtue de blanc, s'appuie contre sa maman, la main placée en toute innocence entre ses jambes découvertes. Même si le père se détache du groupe, la scène renvoie l'image unie et tendre d'une famille bourgeoise. Seulement, il s'agit là de Charles Ier (1887–1922), empereur d'Autriche et roi de Hongrie, son épouse Zita (1892–1989) et leurs deux aînés Otto (1912–2011) et Adélaïde (1914–71). Durant la Première Guerre mondiale, la famille s'était rendue dans le studio Madame d'Ora, en plein cœur de Vienne, pour une série de portraits individuels et de groupe.

Même si jamais elle ne se tint derrière l'objectif, Dora Kallmus est à l'origine du studio Madame d'Ora. En un temps record, elle fit de ce lieu ouvert en 1907 la meilleure adresse de photographie au sein des cercles de l'art, du spectacle, de la mode et de la noblesse. Arthur Schnitzler, Hermann Bahr et Karl Kraus font partie des personnalités photographiées, tout comme Emilie Flöge, Berta Zuckerkandl, les sœurs et danseuses Wiesenthal, ou encore Anna Sacher (1859–1930), propriétaire de l'hôtel du même nom, flanquée de ses carlins. « On trouvait suffisant que je sois la toute première femme autorisée à suivre les cours et l'on me tenait à l'écart des réactifs chimiques comme s'il s'agissait de plaisanteries grivoises », se souvient Kallmus à propos des difficultés rencontrées lors de son apprentissage au Graphische Lehr- und Versuchsanstalt (Centre de recherche et de formation en arts graphiques). Auparavant, le photographe de société Hans Makart (1870–1946, fils du grand peintre du même nom) l'avait autorisée à le regarder travailler dans son studio d'été. Par la suite, elle poursuivit son apprentissage à Berlin auprès de Nicola Perscheid (1864–1930). La photographe soulignera plus tard qu'en plus des relations avec la clientele, elle y avait appris à « observer, observer encore et toujours ». Voilà pourquoi elle veillait pendant les rendez-vous à une atmosphère appropriée, à un éclairage optimal, à la présence du matériel nécessaire au décor, aux draperies et autres détails, bref, à tout ce qui garantissait la réussite de l'image. À Vienne, les mises en scène de Madame d'Ora sont rarement osées, mais elles portent néanmoins sa signature, bien reconnaissable. Le registre du studio recense près de 90 000 prises de vue jusqu'en 1927.

« En réalité, pour une dame de la société viennoise, fonder un studio de photographie témoignait d'un immense courage », affirmera Arthur Benda (1885–1969), photographe, collaborateur et futur compagnon de Dora Kallmus. Elle avait fait sa connaissance pendant son apprentissage auprès de Perscheid et l'avait ramené à Vienne. Du courage, Madame d'Ora en eut aussi quand elle s'aventura dans les abattoirs de Paris avec son appareil photo. Seule. DG

L'Empereur Charles Ier d'Autriche et sa famille, 1917
Tirage argentique, environ 39 x 30 cm

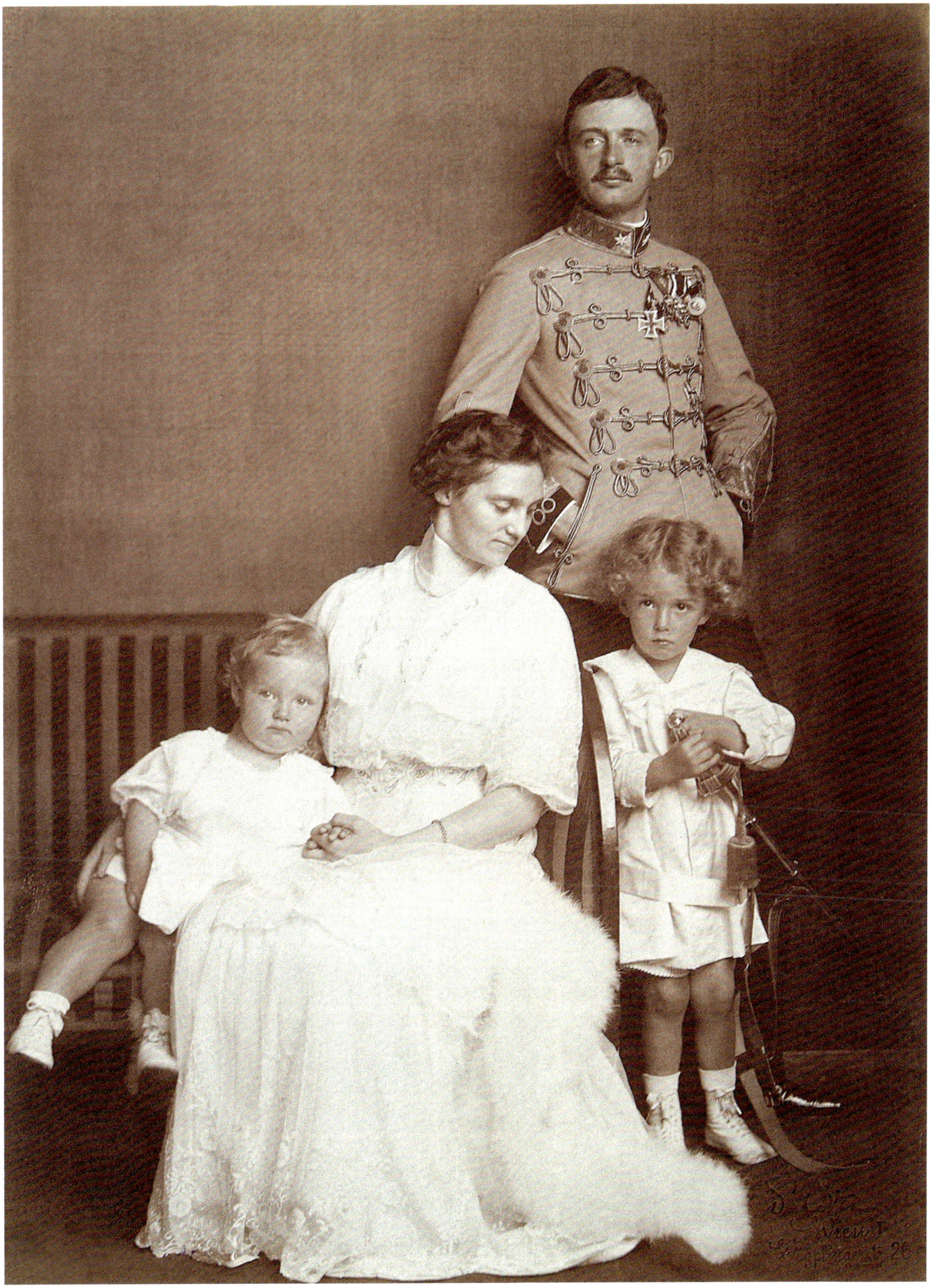

Egon Schiele
La Famille (*Couple accroupi*), 1918

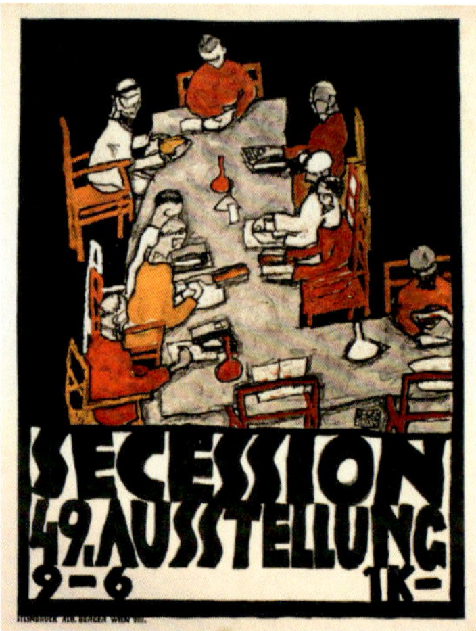

Egon Schiele
Affiche pour la XLIXᵉ Exposition de la Sécession, 1918
Lithographie couleur, 68 x 53 cm
Vienne, Wien Museum

En 1918, Egon Schiele s'est hissé au sommet de l'art viennois, dans la section art moderne. Gustav Klimt est mort en février de la même année, Kokoschka est en Allemagne en cure intensive pour panser ses expériences traumatiques vécues durant la Première Guerre mondiale. L'institution la mieux placée en matière d'avant-garde, la Sécession, va organiser sa XLIXᵉ exposition au printemps (ill. p. 94). Ce sera un triomphe pour Schiele qui n'a pas encore 28 ans. Parmi les tableaux exposés, l'un des plus sensationnels est une toile grand format figurant un homme nu qui enlace tendrement une femme, nue elle aussi, dans le calme et la décontraction, un enfant à leurs pieds. On dirait que le tableau en appelle à un certain ordre après les éclats de l'avant-garde artistique et les secousses de la guerre. La Sécession l'appelle : *Couple accroupi*.

Il sera plus tard renommé *La Famille*. L'article défini fait référence à la réalité des personnes représentées, car l'artiste connait bien cette famille. Il s'est peint en compagnie de sa femme Edith (1893–1918) qu'il a épousée à l'été 1915. Si l'empereur Charles se fait photographier en père de famille de façon informelle par Madame d'Ora (ill. p. 93), arborant tout de même l'uniforme comme s'il était en permission – événement touchant au cœur des millions de pères de famille –, un artiste peut bien montrer le bonheur sous une forme convenue.

Mais ce ne serait pas Schiele, son trait outré, son exaltation et son faible pour les extrêmes, si le peintre n'avait pas intégré une bonne dose d'exagération dans ce tableau si équilibré et honnête. On s'en rend compte à l'effet un peu trop commun que provoque la représentation du petit – car il se trouve que le couple n'a pas d'enfant. C'est une conjuration. La femme de Schiele tombera enceinte, mais aucun bébé ne verra le jour. La grippe espagnole, l'épidémie qui sévit dans toute l'Europe affaiblie par la Première Guerre mondiale, emporte Edith Schiele fin octobre 1918. Schiele succombera trois jours plus tard. Il meurt à la veille de son succès mondial. Sa destinée rappelle un peu celle de Mozart.

Si le tableau ne sait encore rien de tout cela, il en sait assez, car son auteur travaille une fois de plus à représenter la femme. Et dans un milieu qui, sous l'impulsion de la pensée de Sigmund Freud, demeure obsédé par le complexe d'Œdipe, l'image de la femme est avant tout celle de la mère. Or, Schiele eut toute sa vie maille à partir avec celle qui le fit naître, comme on peut le lire dans les célèbres et nombreuses lettres qu'il lui adressa : « Chère Maman, j'entends tout, j'aimerais vraiment, crois-moi, tu es injuste envers moi. […] Je veux savourer ma joie de vivre, c'est ainsi que je peux créer, gare donc à qui me l'ôtera. Rien, personne ne m'a aidé, je ne dois mon existence qu'à moi-même. » Pourtant, après la mort du père en 1905, Marie Schiele (1862–1935) s'était beaucoup investie pour permettre à son fils de réussir artistiquement. Cela suffit pour faire de cette relation de toute une vie un thème qu'il traitera dans son œuvre jusqu'à l'épuisement. Les œuvres envisagent la mère morte, envisagent la rencontre entre la figure allégorique de la mort et une jeune fille, qui n'est autre que l'épouse du peintre. Et maintes fois, elles envisagent la maternité. Quand Schiele peint une famille, il peint aussi des abîmes. RM

***La Famille* (*Couple accroupi*)**, 1918
Huile sur toile, 150 x 160,8 cm
Vienne, Belvedere

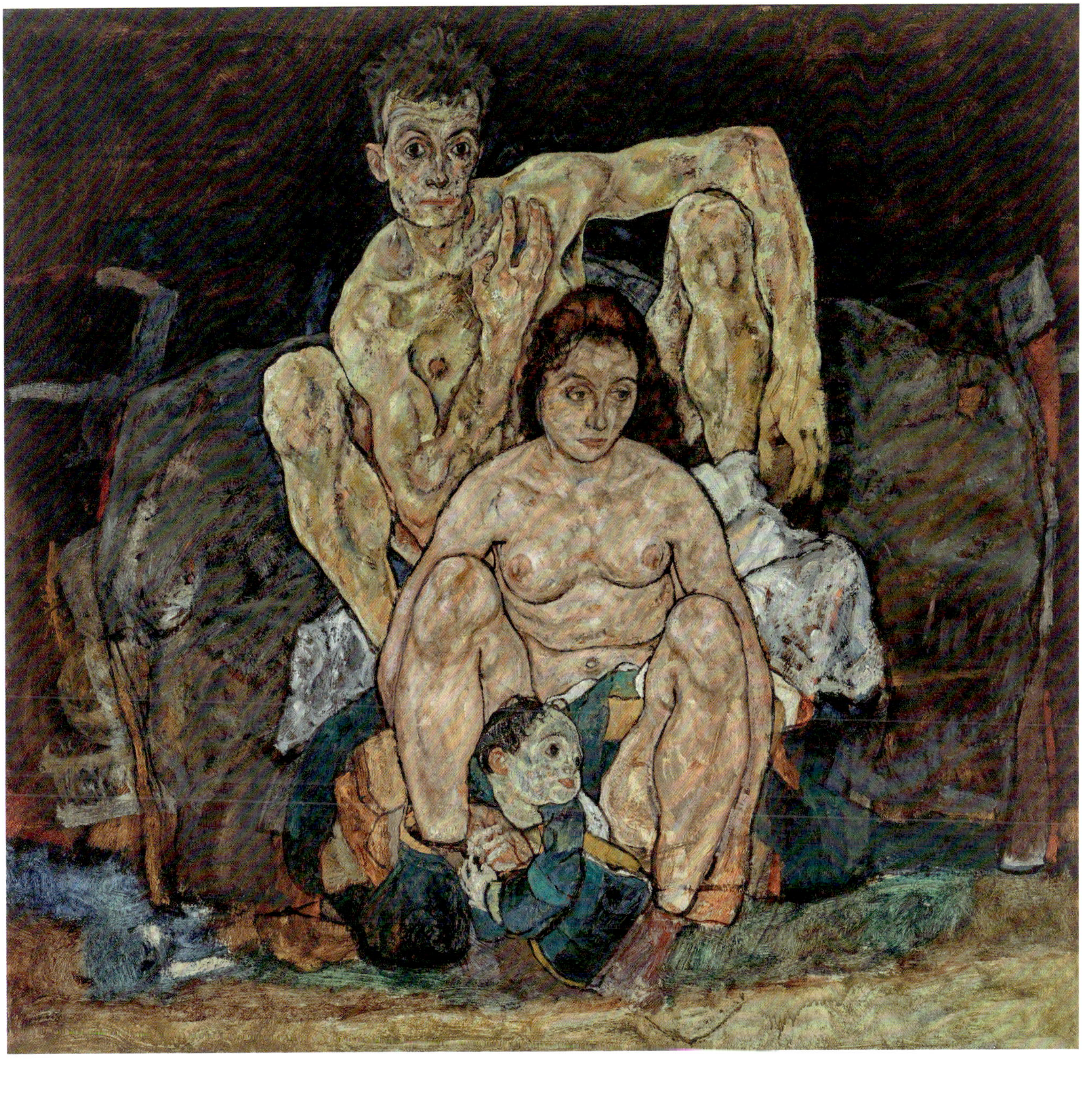

Notes

1 Hofmannsthal, cité d'après Arthur Schnitzler, *Anatole*, trad. Heinz Schwarzinger, Paris 1989
2 Hofmannsthal, *Lebenslied / Chant de vie*, trad. Jean-Yves Masson, cité d'après J. C. Polet, *Auteurs européens du premier XXᵉ siècle : 1. De la drôle de paix à la drôle de guerre*, Bruxelles 2002, p. 151
3 Hofmannsthal, cité d'après Wunberg 1981, p. 341
4 *Die Fackel*, nº 400, p. 46 / 5 Broch 2001, p. 46
6 Bahr, cité d'après Nebehay 1979, p. 23 et suiv.
7 Herzfeld, cité d'après Wunberg 1981, p. 312
8 Klimt, cité d'après Nebehay 1969, p. 394
9 Bahr, cité d'après Wunberg 1981, p. 190
10 Musil, *Les Désarrois de l'élève Törless*, trad. P. Jaccottet, Paris 1995, p. 64
11 Freud, cité d'après Ernest Jones, *La Vie et l'Œuvre de Sigmund Freund*, Paris, 1958, p. 358
12 Freud, cité d'après Wunberg, p. 651
13 Freud, cité d'après Alt, p. 283
14 Mahler, cité d'après le cat. d'expo. *Die nackte Wahrheit* [La vérité nue] 2005, p. 147
15 Schnitzler 1987, p. 420–421
16 Fels, cité d'après Wunberg 1981, p. 196
17 Altenberg, cité d'après Fischer 2007, S. 70
18 *Die Fackel*, nº 389, cité d'après Richard Kurdiovky, « Adolf Loos », in *Vienne fin de siècle*, 2005, p. 293
19 *Die Fackel*, nº 300, p. 24
20 Loos, cité d'après Rukschcio/Schachel 1982, p. 87
21 *Ibid.*, p. 109

Bibliographie

Panoramas, anthologies et ouvrages généraux :
Archiv der Schaulust. Eine Geschichte des frühen Kinos in der k.u.k. Ära 1896–1918, cat. d'expo., Filmarchiv Austria, Vienne 2016
Brandstätter, Christian (éd.), *Wien 1900. Kunst und Kultur*, Vienne 2005
Broch, Hermann, *Hofmannsthal und seine Zeit*, Francfort-sur-le-Main 2001
Fischer, Lisa/Brix, Emil (éd.), *Die Frauen der Wiener Moderne*, Vienne/Cologne/Weimar 1997
Haider, Edgard, *Wien 1914. Alltag am Rande des Abgrunds*, Vienne/Cologne/Weimar 2013
Gustav Klimt und die Kunstschau 1908, cat. d'expo., Belvedere, Wien, 2008
Die nackte Wahrheit. Klimt, Schiele, Kokoschka und andere Skandale, cat. d'expo., Schirn Kunst halle, Francfort-sur-le-Main, Munich 2005
Nebehay, Christian M., *Ver Sacrum 1989–1903*, Munich 1979
Pfabigan, Alfred (éd.), *Ornament und Askese. Im Zeitgeist des Wien der Jahrhundertwende*, Vienne 1985
Der Preis der Schönheit. 100 Jahre Wiener Werkstätte, cat. d'expo., MAK, Vienne 2003
Schorske, Carl E., *Wien. Geist und Gesellschaft im Fin de Siècle*, Francfort-sur-le-Main 1982
Traum und Wirklichkeit, cat. d'expo., Historisches Museum der Stadt Wien, 1985
Trotzdem Kunst!, cat. d'expo., Leopold Museum, Vienne 2014
Vereinigung bildender Künstler Wiener Secession (éd.), *Secession. Permanenz einer Idee*, 1997
Wunberg, Gotthard (éd.), *Die Wiener Moderne. Literatur, Kunst und Musik zwischen 1890 und 1910*, Stuttgart 1981

Monographies, biographies, catalogues :
Alt, Peter-André, *Sigmund Freud. Der Arzt der Moderne*, Munich 2016
Richard Gerstl. Retrospektive, cat. d'expo., Schirn Kunsthalle, Francfort-sur-le-Main 2017
Fischer, Lisa, *Lina Loos. Oder wenn die Muse sich selbst küßt*, Vienne/Cologne/Weimar, 2007
Kraus, Karl (éd.), *Die Fackel*, Munich 1968–1976
Oskar Kokoschka. Träumender Knabe – Enfant Terrible, cat. d'expo., Belvedere Wien, 2008
Metzger, Rainer, *Gustav Klimt. Das graphische Werk*, Vienne 2005
Musil, Robert, *Les Désarrois de l'élève Törless*, trad. P. Jaccottet, Paris 1995
Nebehay, Christian M., *Gustav Klimt*, Vienne 1969
Rukschcio, Burkhardt/Schachel, Roland, *Adolf Loos*, Salzburg/Vienne 1982
Egon Schiele, cat. d'expo., Albertina Wien, 2017
Schnitzler, Arthur, *Une Jeunesse viennoise : 1862–1889*, trad. Nicole et Henri Roche, Paris 1987

Copyright

Portraits d'artistes

P. 72 : Franz Setzer, *Der österreichische Komponist Arnold Schönberg* (détail), Vienne 1922 ; IMAGNO/Archiv Setzer-Tschiedel / p. 86 : Madame d'Ora : *Emilie Flöge* (détail), 1910 ; IMAGNO/Collection d'Hubmann / p. 92 : Madame d'Ora : *Madame d'Ora* (détail), vers 1925 ; IMAGNO/Austrian Archives

Crédits photographiques

La maison d'édition remercie les musées, les collections privées, les archives et les photographes pour leur autorisation de reproduction et leur soutien lors de la réalisation de ce livre. Sauf mention particulière, les reproductions proviennent des archives de l'éditeur. Outre les institutions et collections citées dans les légendes, nous tenons à mentionner :

akg-images/Erich Lessing : 79 ; Albertina, Vienne : 25, 42, 71, 82 ; Architektur Bilderservice Kandula, Photo : Ernst Wrba : 8 ; Archive d'Auchentaller : 36 b. ; Archive d'Otto Breicha : 64 ; Archiv der Secession, Vienne : 49 ; © Belvedere, Vienne : 20/21, 95 ; © bpk : 16, 41 ; © bpk/Nationalgalerie, SMB/Roman März : 27 ; © Courtesy Dallas Museum of Art, The Eugene and Margaret McDermott Art Fund, Inc., 2013.31.A : 62, 63 ; © Bildarchiv Foto Marburg : 56, 57, 70 b. ; Photo : Andrej Hrausky : 46 h., 50 h. ; IMAGNO/Austrian Archives : couverture, 1, 4, 9, 11, 13–15, 17, 21 b., 22, 24, 26, 32, 34 h., 35, 36 h., 44, 58, 59, 60 b., 61, 67, 70 h., 74, 76, 78, 83, 87, 92, 93 ; IMAGNO/Archive de Setzer-Tschiedel : 72 ; IMAGNO/Christian Brandstätter Verlag : 12 ; IMAGNO/Dagmar Landova : 10 ; IMAGNO/Leopold Museum, Vienne : 30, 53, 81 ; IMAGNO/ÖNB : 23, 46 b., 88 ; IMAGNO/Öst. Volkshochschularchiv : 7, 77 ; IMAGNO/collection d'Hubmann : 86 ; IMAGNO/Wien Museum : quatrième de couverture, 33, 34 b., 45, 80, 94 ; IMAGNO/Wienbibliothek im Rathaus : 40, 66 ; Photo : Michael Jencewk : 43 ; © János Kalmár : 47 ; Leicester Museum & Art Gallery, Leicestershire, UK/Bridgeman Images : 31 ; © Leopold Museum, Vienne : 29 (Inv. 648), 65 (Inv. 651), 75 (Inv. 465) ; © Leopold Museum, Vienne/Manfred Thumberger, Vienne : 91 (Inv. 630) ; © MAK – Österreichisches Museum für angewandte Kunst/Gegenwartskunst, Vienne : 14, 48, 69 ; © Monika Nikolic/artur : 39 ; Arnold Schönberg Center, Vienne : 28, 73 ; Photo Margherita Spiluttini, © Architekturzentrum Wien, collection : 18 (Inv. 1591-55), 19 (Inv. 1592-42) ; Svenska Filminstitutet, Stockholm : 85 ; © Keiichi Tahara : 2, 51, 55 ; ullstein bild : 84 h. ; Universitäts-bibliothek Heidelberg : 37 ; © Van Gogh Museum, Amsterdam : 8 ; © White Images/Scala, Florence : 89 ; Wien Museum : 6, 10, 38 b.

L'éditeur

Rainer Metzger a étudié l'histoire de l'art, l'histoire et la littérature allemande à Munich et Augsbourg. Après avoir passé sa thèse de doctorat sur Dan Graham en 1994, il a travaillé comme journaliste spécialisé dans les beaux-arts au quotidien viennois *Der Standard*. Il est l'auteur de nombreux livres d'art, dont des ouvrages sur Van Gogh et Chagall. Il est, depuis 2004, titulaire de la chaire en histoire de l'art à l'Académie des beaux-arts de Karlsruhe.

Achevé d'imprimer

UN LIVRE TASCHEN, UN ARBRE PLANTÉ !
TASCHEN affiche un bilan carbone neutre. Chaque année, nous compensons nos émissions de CO_2 avec l'Instituto Terra, un programme de reforestation de l'État du Minas Gerais, au Brésil, fondé par Lélia et Sebastião Salgado. Pour plus d'informations sur ce partenariat environnemental, rendez-vous sur : www.taschen. com/zerocarbon
Inspiration : illimitée. Empreinte carbone : nulle.

Si vous souhaitez être informé des prochaines parutions TASCHEN, abonnez-vous à notre magazine gratuit sur www.taschen.com/magazine, suivez-nous sur Instagram et Facebook, ou contactez-nous par e-mail à l'adresse contact@taschen.com pour toute question concernant notre programme de publication.

Hohenzollernring 53, D–50672 Köln
www.taschen.com

Traduction : Aude Fondard, Marseille

Textes :
Daniela Gregori (DG), Rainer Metzger (RM), Maik Novotny (MN), Thomas Trenkler (TT)

Printed in Slovakia
ISBN 978–3–8365–6704–6

COUVERTURE
Gustav Klimt
Portrait d'Adele Bloch-Bauer I (détail), 1907
Huile et or sur toile, 140 x 140 cm
New York, Neue Galerie

QUATRIÈME DE COUVERTURE
Joseph Maria Olbrich
Affiche pour la IIᵉ Exposition de la Sécession (détail), 1898
Lithographie, 81 x 51 cm
Vienne, Wien Museum